JN216186

共感PR

フロンティアコンサルティング 代表取締役
上岡正明

朝日新聞出版

共感PR　心をくすぐり世の中を動かす最強法則

目次

〈理論編〉

消費者が黙っていられない情報をつくる！

決戦前夜！
仕掛け方を考えよう ……… 147

第4章

付録

装幀　　　　　　　轡田昭彦+坪井朋子
著者エージェント　アップルシード・エージェンシー
編集協力　　　　　三浦たまみ
図版　　　　　　　朝日新聞メディアプロダクション

プロローグ
共感されるか。世の中が動くかどうかの指標は、この一点だ！

バズる。
最近、定着した感のある言葉ですが、どんな意味で使われているのでしょうか。

話題になっている
注目されている

ＰＲ業界では、だいたいこんなニュアンスで使われています。
さらに詳しく言えば、ある商品やサービスが、「クチコミ」の力で爆発的に広まることを意味します。

大きくヒットしたり話題になった、あんな商品やこんなサービスも、バズることで瞬く間に世の中に広がっています。

たとえば、いまだ行列の絶えないパンケーキブーム。

クチコミから生まれてレシピ本にまでなった、にぎらないおむすび「おにぎらず」。

興行収入が公開１０８日間で２０５億円を突破し、記録的大ヒットとなった映画「君の名は。」（２０１６年12月12日時点）。

今や、世の中を動かしているのは、クチコミが先で、テレビや新聞が後。

そう、時代は大きく変わってきているのです。

人から人へ伝わるクチコミはもちろんですが、今は、ネットのニュースやブログ記事、あるいは、Instagram（インスタグラム）、Facebook（フェイスブック）、Twitter（ツイッター）などのＳＮＳ（ソーシャル・ネットワーキング・サービス）上から広まる〝ネットクチコミ〟の威力も絶大です。

「これからのＰＲ」では、こうした新しいメディアを上手に使いながら、新聞やテレビなど旧来のメディアを巻き込むことが求められます。

もっと言えば、**これからのＰＲは、売り手主導で、能動的にバズらせること**

ができる。テレビに紹介してもらう、新聞に掲載してもらうといった受け身の発想に終始しなくてよいのです。というより、受け身になっていては出遅れてしまいます。

そして、これからのＰＲで最も重要なポイントは、人をいかに共感させられるかということ。これを実現するのが「共感ＰＲ」なのです。

私は、テレビ業界で10年間、「めざましテレビ」「スーパーJチャンネル」「タモリのボキャブラ天国」などの放送作家として活動した後、フロンティアコンサルティングというＰＲ会社を立ち上げ、三井物産やＳＯＮＹ、日本瓦斯（ガス）、三菱鉛筆、さらにはドバイ政府観光局やスウェーデン大使館などをはじめ２００社以上の企業ブランド構築やＰＲを手掛けてきました。

また、これまで数々のベンチャー企業をＰＲの力で上場支援してきています。その中には誰もが知っている世界的な有名企業もあります。そのため、いつしか「上場請負人」と呼んでいただけるようにもなりました。

これらの経験から、「今、ＰＲはバズらせられるかどうかが勝負」と断言できます。

これまでなかなか売れなかった商品やサービスでも、アイデアや仕掛け方次第で、一気に広めることができるのです。

ただし、いくつかのコツを押さえれば。

本書では、そのコツをお伝えしていきます。

新しいＰＲは「共感」がキーワード

そもそもＰＲとは、特定の商品やサービスを広く知ってもらうために、あるいは、それを目的としてメディアに取り上げてもらうために働きかけることです。

このとき、忘れてはならない原理原則があります。

それが、**誰かに話題にされない限り、絶対に商品やサービスは広まらないと**

いうこと。

当たり前だと思うかもしれませんが、ここがメディアに取り上げてもらえるかの分岐点です。

特に、これからのＰＲに必要なのは、共感を呼ぶパワーです。

誰かに話題にされる、そして、バズらせるためには、こちら側が発信した情報に受け手側が共感しなければ始まりません。「私も誰かに伝えたい」「実際に買ったり食べたりして、その体験を見せたい」というふうに、受け手自身がさらにＰＲをつないでくれることがヒットの秘訣なのです。共感の連鎖で応援団を増やしていく、そんな感覚です。

ですから、人に興味を持たれないもの・ことのＰＲは、どんなにコストをかけてもムダ骨に終わってしまいます。

一方で、話題になればその拡散力はすさまじいものがあります。

そして、**いったん広まれば、その効果は継続する可能性が大いにあります**。

ここが、これまでのＰＲとは大きく違うところであり、だからこそ「共感」が最重要キーワードなのです。

これまでは、「PRは打ち上げ花火だ」と言われてきました。テレビで紹介されると、翌日から大行列になったり、EC（エレクトロニックコマース＝電子商取引）サイトがサーバーダウンするほど盛り上がる。けれど、「あの騒ぎは何だったの？」というほど、2カ月後には客足が途絶えてしまう……。

行列になる、品切れになる。このすごい効果を持続させる手段が、これまではなかった。しかしながら、今はSNSという新しいメディアが普及したことによって、それが中小企業でも個人経営者でも、少ない予算でできるようになったのです。

お店や商品の魅力や使い方を発信し、それを見たお客さんからもさらに発信してもらう。賢い企業は既にこの方法でヒットを出しています。

だから、**PRするからには、共感を得て、バズらせることに徹底的にこだわってください。**

どんなに商品やサービスがすばらしくても、思い入れがあっても、話題にされなければ、いつまでも知られないまま。売れないまま。埋もれたままです。

私のところに相談に来る企業の中には、「どうして、こんなにいいモノなのに、今まで広まらなかったんだろう?」と思う商品やサービスがたくさんあります。

そんなの、あまりにももったいない!

いいものをつくっていたら、いつか誰かが、うちの商品の良さをわかってくれるだろう。

そんな気持ちでいては、いつまで経っても広まりません。

だから、まずは共感してもらう方法を考える。

その手段は、旧来からあるテレビ、新聞、雑誌を使ってもいいし、SNSでもいい。何でもいいのです。

中でも、SNSをはじめとするソーシャルメディアはクチコミと親和性が高いため、共感されやすく拡散しやすいことは確かです。


たとえば、2年ほど前、東京都内にあるレッドロックというお店でローストビーフ丼が流行しました。当時はまだローストビーフ丼が食べられるお店が珍しかったこと、ごはんが見えないほど盛られたローストビーフが写真映えすることなどが理由で、食べに行った人がInstagramに次々とおいしそうな写真をアップしました。

そこから火がついて、ネットのニュース、テレビなどにも随時紹介され、一気にローストビーフ丼の存在は広まったのです。

さらにInstagramの写真を見て、「私も、食べたい！」と思った人が、実際にお店に出かけて、自分も写真を撮って「見て見て！」とアップする。当初の勢いほどではないものの、こうした循環がゆるやかに続いているため、このお店は現在（２０１６年12月）でも行列ができる人気店です。


でもこの現象、お店としては想定内だったのです。

あるスタッフが私にこっそり教えてくれました。

「ローストビーフを天井に着きそうな勢いで山盛りにすると写真映えするだろう、と思いついたんです。予想通り、女性たちが勝手に写メで撮って口コミで広げてくれたんです」

実際あれよあれよという間に、Instagramなどで写真が拡散されました。

おそらく、このローストビーフ丼のためにお店がかけた販促費用は０円です。

でも、広告やＣＭを使ってこれと同様の効果を得ようとしたら、予算にして2億～3億円はかかります。

ＰＲを活用してバズらせる利点は、こんなところにもあるのです。企業側にとっては、たいした費用をかけずとも、莫大（ばくだい）な広告費をかけたのと同じような効果が得られるのです。

このことは、今のＰＲを語る上で、非常に大事なところです。

今は、**どんな商品・サービスをＰＲする場合でも、「個人」に向けて働きかけ、共感してもらえなければ結果が出ない**。Instagramを始めとするＳＮＳで個人が広めてくれたときの影響力は底知れません。

また、**予算をかけなくても、結果を出せることもポイント**です。

だから、大企業だけでなく、中小企業や個人経営の飲食店や花屋、雑貨屋なども始めているのです。

その意味でも、不特定多数に訴えかけるテレビよりも、ネットメディアは時代に合っている。すなわち、共感されやすく、バズりやすいのです。

企業側は、**「一人ひとりがメディア」という意識を持った上で、個人が思わず発信したくなるようなPRを考えていくべき**です。

ここがうまくいけば、確実に広まります。

個人が勝手にPRしてくれて、それが共感を呼び「私も」「オレも」と連鎖していくからです。

本書では、この「共感PR」の方法をご紹介していきます。

「テレビで紹介されたら売れる」は過去の話

本書を読み進める前に、お伝えしておきたいことがあります。

それは、**「テレビで商品やサービスが紹介されたら、即、広まる」というのは過去のことになりつつある**ということ。

でも、いまだに、私の会社にPRの相談に訪れる企業の9割以上が、開口一番こう尋ねます。

「どうすれば、テレビで紹介されますか?」

テレビに出れば、ほぼ確実に広まる。

ずっとそう信じられてきました。

実際、私が起業した頃のPRは、テレビで紹介されることが目的でありゴールでした。

当時、私はまだ放送作家としてテレビ局に出入りしていて、テレビ業界に知り合いもたくさんいましたし、どんなアピールをすれば紹介してもらえるかも心得ていましたから、自分が請け負ったさまざまな企業の商品やサービスをテレビに露出させ、広めていました。

でも、今は、当時と同じ手法をなぞっただけでは、まず無理でしょう。

何より、流行に敏感な若年層にはテレビを所有すらしていない人がごろごろいるのです。

いつでも好きなときに、パソコンやスマートフォン（スマホ）でニュースなどの映像配信サービスを楽しめば満足してしまう彼らにとって、決まった放送時間にわざわざチャンネルを合わせてテレビを見る感覚が理解できないのです。

今やテレビは、この一方通行感を感じないわけにはいかなくなっています。

受け取るだけの一方通行のメディアには、もはや興味が失われてしまったのです。

これに対し、SNSは自ら情報を発信できるし、それに反応してくれた人などに対してすぐさまレスポンスができる。この違いは大きいです。

しかも、テレビなど一方通行のメディアは、その情報が本当かどうか、視聴者によってほぼリアルタイムでシビアにチェックされます。

現にみなさんも、テレビで「おいしいレストラン」として紹介されても、そのレストランの名前をスマホで検索して、評判を確かめませんか？

そして、「あ、本当においしいんだ！」と思えば納得して知人に紹介するなど次のアクションを起こす、すなわちクチコミが始まります。でも「なんだ、言うほど評価されてないじゃん……」と思えば、その情報はさっさと捨て去ってしまう。

このようなデータもあります。

ネットで商品を買う、お店を決める、などのきっかけとして、クチコミを信用する割合が、なんと8割以上もあるというのです（「購買行動におけるクチコミの影響に関する調査」アンケート対象2107人、NTTレゾナント調べ）。

情報は洪水のように溢（あふ）れているので取捨選択をしなければなりませんが、いずれにしても消費者は今、一方通行の情報を鵜呑（うの）みにはしないし、鵜呑みにしなくてよい環境が整っているのです。


もちろん、今でもテレビのPR効果はあります。

ただし、「商品・サービスがテレビで紹介されさえすれば、即広まる」時代ではないのです。

だからこそ、「共感」というキーワードを意識しながら、ネットのニュースやブログ、SNSなどのソーシャルメディアを上手に使い、新聞やテレビなど旧来からあるメディアを巻き込む姿勢が求められるのです。


しつこいようですが、肝心なのは、どうやって広めるのかということ。

それを体系づけたのが、**本書でご紹介していく「8×3の法則」**です。

この法則は、私がどうすれば多くの人に共感してもらい、効率よくPRできるのか試行錯誤しながら編み上げたものです。

自分たちが広めたい商品やサービスを、「個人」に対して、いかに発信していけばいいのか？

その方法が「8×3の法則」には詰まっているのです。

この法則を理解し、応用すれば、拡散される可能性は飛躍的に高まります。

また、巻末には、ここだけは押さえておくべき100媒体のメディアリストを収録しています。本書の「8×3の法則」と併用すれば、ヒット商品やムーブメントをつくり出すことも可能です。ぜひ、活用してください。

さあ、本書を読んで、みなさんも、今日から一気に「共感PR」仕掛けていきましょう！

フロンティアコンサルティング
代表取締役　上岡正明

「ジャポニカ学習帳」をどうやって大人買いさせたのか

さて、具体的に商品やサービスを広める、バズらせるとはどういうことなのでしょうか？

論より証拠、ということで、まずは、ショウワノートを例に詳しく説明していきます。

ショウワノートと聞いてすぐにピンとこない人でも、「ジャポニカ学習帳」を知らない人はいないでしょう。ジャポニカ学習帳はショウワノートがつくる人気商品の一つです。カブトムシやチョウ、花などの大きなカラー写真が表紙に載っている、あのノートです。

1970年の発売以来、累計12億冊も販売してきた、学習帳の代名詞的存在です。それほど多くの子どもたちに愛されてきたのです。

そのジャポニカ学習帳が、2年ほど前、突如大きな話題になりました。

「そして虫はいなくなった」

これは、私たちがPRをお手伝いした当時の朝日新聞（2014年12月4日付）の同学習帳に関する見出しです（図版1参照）。

［図版❶］　ジャポニカ学習帳の朝日新聞掲載記事
（2014年12月4日付）

そして虫はいなくなった

ジャポニカ表紙

カブトムシやチョウなど表紙の大きな昆虫写真が特徴だった「ジャポニカ学習帳」。その表紙の昆虫が消えていた。1970年の発売以来、累計12億冊を販売したロングヒット商品の大転換は、教師や親から寄せられた「気持ち悪い」という声がきっかけだった。

「気持ち悪い」配慮し花に

いずれもショウワノート提供

ネットで話題 復活望む声も

文具メーカー「ショウワノート」（富山県高岡市）のジャポニカ学習帳は、すべて本社工場で作られ、学年や科目ごとに異なる約50種類が販売されている。商品の形に商標権を認める「立体商標」として認められるなど、抜群の知名度を誇り、来年には45周年を迎える同社の看板商品だ。

そんなジャポニカ学習帳の特徴の一つが、表紙を飾る写真の数々。1978年以降、カメラマンの山口進さんが撮影したものが使われている。「アマゾン編」「赤道編」といった様々なテーマがあり、山口さんは世界各地に滞在して数カ月かけて撮影してきた。

ところが、2012年から表紙の写真に昆虫は使われなくなった。きっかけは、同社に寄せられたこんな意見だった。

「娘が昆虫写真が嫌でノートを持てないと言っている」

「授業で使うとき、表紙だと閉じることもできないので困る」

保護者だけではなく、教師からも同じような声が上がった。

こうした意見は10年ほど前からすでに寄せられていたという。数はそれほど多くはなかったが、最終的には昆虫写真を使わないことを正式に決めた。同社開発部の小原崇さん(35)は「虫に接する機会が減ったということでしょうか」と推測する。

「学校の授業や、家に帰ってからの宿題。お子さんがノートを使う機会は多いです。もしかしたら友達と一緒にいる時間より長いかもしれません。学校の先生もノートを集めたり、添削したりと、目に触れる機会は多いと思います。そんな商品だからこそ、一人でも嫌だと感じる人がいるのであればやめよう、ということになりました」

多いときはジャポニカ学習帳の半分近くを占めていたという昆虫の写真。同社にとっては苦渋の選択だったが、改版するたびに徐々に減らし、2年前には完全に花に替わった。

ネットのオークションで「店先から消えた昆虫写真もの」として出品されるなどしたことから、最近改めて話題が再燃した。

ツイッター上では、「何か寂しいですね」「一人でも嫌な人がいたら止めるって、どうなの？」など、厳しい意見を含めた反響が広がっている。一方で同社には「批判に負けないで」「子どものために復活させて」といった励ましの声も寄せられているという。

（岩井建樹）

人も生き物なんだから…

養老孟司さん

昆虫好きで知られる東京大学名誉教授で解剖学者の養老孟司さんは「子どもの頃から人工物に囲まれて生活し、嫌なものを排除するようになってしまうと、自然や命など人間が制御できないものについて考える機会も減ってしまう。『見たくないから』と全体から排除し、他の人まで巻き込むことはない。社会的な寛容性が損なわれていると感じる」と危惧する。

そのうえで「自然の中には好きなことも嫌いなことも存在する。生きていれば、どうしようもないことにぶち当たる。人間も生き物なんだから、もっと素直に世界を見ればいい」と指摘した。

ちょっとドキっとしますよね？　アガサ・クリスティーの推理小説「そして誰もいなくなった」をもじったのでしょうか。この見出しを見ただけで、これからお伝えするニュースを思い出した人はいるかもしれません。

実は２０１２年から、ジャポニカ学習帳は昆虫を表紙にあしらったものがなくなり、すべて花の写真に変わったのです。

子どもの頃、ジャポニカ学習帳を使って勉強していた人たちにとって、カブトムシやチョウが表紙から消えていた！という話は、かなりショッキングでした。

しかも、朝日新聞によると、虫がいなくなったきっかけはショウワノートに寄せられたこんな意見だったのです。

「娘が昆虫の写真がイヤで、怖くてノートを持てないと言っている」という親。
「表紙のチョウは、ガじゃないの？」と間違える若い教師。
親も教師も子どもも「虫は、気持ち悪い」と感じていて、クレームが増えていたのです。
クレームそのものは、約20年前から少しずつあったそうです。

そこでショウワノートは、多いときでジャポニカ学習帳の半分以上を占めていた昆虫の写真を取りやめることを決め、表紙を改版するたびに昆虫の表紙を減らし、12年に完全に花に切り替えました。

この内容について、朝日新聞が「そして虫はいなくなった」という見出しで紹介したところ、「確かに、あの昆虫のアップは気持ち悪い」「いや、共存すべき生き物を気持ち悪いとはなにごとか」と賛否両論が巻き起こりました。

誰もが知っている定番商品をどう仕掛けたか？

今、紹介した朝日新聞の記事は、ショウワノートのPRを仕掛けてから1カ月後に紹介された話です。

ならば、その1カ月前はどうだったのか？　少し時間をさかのぼりましょう。

実は朝日新聞で取り上げられる前の段階で、既に新聞、ネットで話題になって拡散し続け、反響もすさまじいことになっていたのです。

ＰＲを始めて最初にこのことを報じたのは、産経新聞でした。新聞に掲載されると同時に、ネットにもすごい勢いで拡散され、「昆虫が気持ち悪いということの是非」についてひとしきり議論が巻き起こった後で、先ほどお伝えした朝日新聞でも取り上げられたという経緯があります。

私は、２０１４年の夏、ショウワノートからこんな依頼を受けました。

「来年、ジャポニカ学習帳が発売開始から45周年を迎えるので、このことをＰＲしていきたい」

真っ先に思ったのは、ジャポニカ学習帳と言えば、日本人の多くが知っているブランド力のあるノートだということ。

ここは、大きな武器になります。

ＰＲというのは、まだ世間に知られてない商品やサービスを、どうやってアピールするかを試行錯誤するケースがほとんどです。そんな中、**「多くの人が、既に知っているブランド力のある商品」は、それだけで価値がある。**すなわち、当然のことですが、ＰＲする上でも、そこは最も注目すべき箇所なのです。

ですから、「ジャポニカ学習帳というトップブランドは、いかに築き上げられたのか」ということを中心にアピールするだけでも、「ああ、あのノートね。取り上げようか」と、すぐさま新聞媒体などで取材される確率は高いと思いました。

ただ、それだけでは新聞などのネタにはなっても、世の中を動かすパワーはありません。世の中を動かしているのは人。大勢の人たちの関心や共感を巻き込む「仕掛け」が必要でした。

人々のつながりが以前より希薄になったとはよく言われることですが、私はそれは誤解だと思います。ただ、つながる場所や方法が変わっただけ。むしろ濃密になっている気がしています。今、ＳＮＳ（ソーシャル・ネットワーキング・サービス）では、それこそ政治や国の在り方を変えてしまうほど、以前より強くつながっています。

その「強いつながり」にうまく話題として乗せられるものはないか。そう考えてさらにヒアリングを続けるうちに、「ジャポニカ学習帳の表紙から、昆虫が消えた」という話が出てきたのです。

私自身、この話にはかなりの衝撃を受けました。

小学生の頃に愛用していたノートの表紙がカブトムシやクワガタなのは当たり前の感覚で、今も当時と変わらないデザインのそのノートが文具店で手に入ると思い込んでいましたから。「あのカブトムシのノートがもう買えない」という事実は、ノスタルジーと相まってグッときました。

この話、みんな知ってるのかな……。

そう思ってざっとリサーチしても、ほとんど知られていない情報でした。ジャポニカ学習帳の存在を知っている大人にとっては、ちょっとした〝事件〟と言ってもいい出来事のはずなのに……。

後で詳しく紹介しますが、このように**多くの人が強い関心を抱くであろうと予測できること、特に驚きや意外性を持って伝わる情報は、瞬く間に拡散する可能性を秘めています。**

おそらく、ここがＰＲのキモになるだろう――。

そう思いました。

しかし、いきなりこの〝切り札〟は出さず、先ほど述べたように、出だしは「ショウワノートはジャポニカ学習帳というトップブランドを、いかに築き上げたのか」を中心にPRしました。

なぜなら、ショウワノートとしては、「45周年を迎えること」「45年間で日本を代表する学習帳になったこと」はアピールしたい必須事項だったからです。まずは、この情報をきちんと伝えることが絶対でした。

でも、当然ながら、45年の歴史を語る中で「ジャポニカ学習帳の表紙から昆虫が消えた」というネタは必ず出てきます。そうなれば、こんなおもしろいネタを記者がスルーするはずはないと思ったので、記者からインタビューを受ける当初からいかにPRの文脈の中に、自然な形で出していくかを丁寧に工夫しました。

その目論見(もくろみ)は当たり、プレスリリースを送ってすぐに、産経新聞の「ビジネスのつぼ」という連載に社長が取材されました。

PRを仕掛けて初めて掲載されたその新聞記事は(2014年11月17日)、こんな見出しで取り上げられました。

「継続は力」でトップブランド維持
ショウワノート　ジャポニカ学習帳

発売以来の危機を乗り越えてきた話、ブランド力が高まるにつれ〝模倣品〟も多く出回るようになったため「立体商標」に登録した話など、主にトップブランドになるまでの話、それを維持してきた話について紹介してもらえました。

同時に、やはりというべきか、こちらの予想通り、新聞記事には２０１２年から昆虫の表紙がなくなったことについても書かれていました。

昆虫について「気持ち悪い」という声がある以上、時代のニーズに合わせて取りやめないと生き残れない。そんな話が社長の言葉で語られ、掲載されたのです。

ここからです。

この産経新聞がきっかけになり、ジャポニカ学習帳は、その他の媒体を次々に巻き込んでいきました。

まず、産経新聞の記事と同時期に、ネット上では「ジャポニカ学習帳の表紙から、昆虫がいなくなっていた！」という情報が飛び交い始めました。

多くの人が、ジャポニカ学習帳のブランド力はさることながら、昆虫がいなくなっていたことに対して、より強い興味を抱いたようです。

新聞記事には、そのまま新聞のネット版に転載されるものが多くあります。

産経新聞も例外ではなく、そのまま「SankeiBiz」というサイトに転載されました。

もちろん、ネット上のニュース・情報サイトにも、時を同じくしてPRをかけていきましたから、ジャポニカ学習帳のニュースは「SankeiBiz」だけでなく、複数のニュースサイトにも掲載されました（どのようにネット上のニュースに掲載されるのか、その仕組みについては第3章で解説します）。

これらネット上に載ったジャポニカ学習帳に関する記事は、それを見た人の関心が高ければFacebookやTwitterなど、自分が使っているSNS経由で次々にシェアされます。

それだけでも一気に拡散する可能性を秘めていますが、このときは起爆剤の役割を果たす人物が現れました。

それが、芸人の星田英利（元・ほっしゃん。）さんです。彼は、新聞か何かでジャポニカ学習帳の記事を見かけたのでしょう。Twitterでこんなふうにつぶやきました。

あのジャポニカ学習帳の表紙、2年前から昆虫のバージョンが無くなった、ってのを聞いてビックリ。それも、教師や母親からの「気持ち悪い。」っていうクレームのせいやて。
こういうクソ親は世に溢(あふ)れてるのは知ってたけど、教師って。学校でも家でもこんなクソ共に偉そうに教育される子供たちって。。。

星田 英利（@hosshyan）November 25, 2014

少し言葉は荒いようにも思いますが、要するに、星田さんは、そもそも「昆虫が気持ち悪い」ってどうなの？と疑問を投げかけたわけです。
こうなると、〝自分ごと〟（自分に関わること）に置き換えて「その通り！」という人もいれば、「今は、昆虫採集の機会もないし、気持ち悪いと思う子どもがいるのはしかたがない」など、さまざまな発言する人が増えていきます。

情報というのは、このように**賛成意見と反対意見がぶつかり合うほうが話題になって広がりやすいという側面がある**のです。

企業は、時にメディアや世論をコントロールして、賛成意見だけを集めたり、自分たちに都合のよい情報だけを伝えようとしがちです。

ですが、今の消費者は、私たちが考える以上に多くの情報に触れる機会を持っています。2016年のアメリカの大統領選を見てもわかります。世論を巻き込んで、賛否両論、さまざまな意見を交錯させるからこそ、盛り上がります。また、企業としても公平に評価されます。ショウワノートはそのことをよく知っていたのだと思います。

ここまでくると、**「クチコミ」の力で爆発的に広まる**のは時間の問題です。

実際、Twitterでは、星田さんのツイートをリツイートする人が急増し、その話題についての情報を集めた「まとめサイト」では、こんなセンセーショナルな見出しが立てられ、あれよあれよという間に世間の関心を集めていきました。

「ほっしゃん激怒！
『こんなクソ親、クソ教師で子ども大丈夫か』」（「NAVERまとめ」より）

著名人が発信した発言は、当然、注目度が高まります。

これらの記事はFacebookでもたくさんシェアされ、記事に対して、コメント欄では「昆虫が見たくないからって排除していいの？」「社会的な寛容性が損なわれている！」「会社として苦渋の決断だったのかな？」などと、かなり活発に意見が飛び交うようになりました。

この時点で、かなりの〝**世間を賑わせている感**〟**がつくられつつあります**。

そして、なんと、星田さんのツイートから2日後には、日本最大級のサイト「YAHOO! JAPAN」のニュース記事に取り上げられたのです。

しかも、YAHOO! JAPANの中でも、最も影響力があると言われるトップページの中央部にある八つのニュース、いわゆるヤフトピで紹介されました。

そのときの記事がこちらです。

ジャポニカ学習帳　消えた昆虫

ジャポニカ学習帳から昆虫が消えた　教師ら「気持ち悪い」

40年つづけたメーカーは苦渋の決断

１９７０年の発売以来、累計12億冊を販売した「ジャポニカ学習帳」。表紙にカブトムシなどの大きな写真が入っているのが特徴でしたが、２年前から昆虫の写真を使うのをやめていたことが分かりました。きっかけは、教師や親から寄せられた「気持ち悪い」という声だったといいます。

（withnews（ウィズニュース）　２０１４年11月27日13時37分配信）

11月17日に産経新聞で初めて取り上げられてから、わずか10日後には、YAHOO! JAPANに掲載されたというわけです。

ＰＲ、とりわけ、ネットを巻き込んだＰＲの威力は、ここにあります。

初めて情報が出てからたった10日程度で、世の中にムーブメントを起こす可能性があるのです。

ジャポニカ学習帳は、新聞に掲載され、星田さんに紹介され、YAHOO! JAPANで紹介され……と、そのホップステップジャンプを猛烈な勢いで駆け上りました。

YAHOO! JAPANに掲載されて以後は、ますますネットのニュースやTwitterやFacebookで賛否両論の意見がやりとりされました。おかげで、ジャポニカ学習帳に関するネットのニュース記事は日を追うごとにいくつもつくられ、増えていったのです。

YAHOO! JAPANの中でも、ヤフトピに掲載されることは「YAHOO! 砲」と言われていて、計り知れない影響力があります。

加えてこの後、ついに、テレビも動きます。

フジテレビの朝の情報番組「めざましテレビ」や「とくダネ」、テレビ東京の「ワールドビジネスサテライト」など8番組に取材され、大きな注目を集めました。勝手に露出が高まっていったのです。

そして、YAHOO! JAPANに紹介された約2週間後、冒頭でもお伝えしたあのセンセーショナルな記事、**「そして虫はいなくなった」**が朝日新聞に掲載されたのです。

記事の日付は12月4日ですから、産経新聞で取り上げられてから半月ちょっとでPRのみで一気にここまで拡散できたのです。

話題をさらい、露出を高める

ショウワノートのPR活動は、ここからクライマックスへと向かいます。

私の会社は、途中で同社のPRの支援から離れたのですが、担当者はとても優秀な方々で、いろんなアイデアを形にしようと試行錯誤を繰り返していたようです。

そのアイデアの一つが、ジャポニカ学習帳の発売45周年記念の一大イベントでした。

それが、「歴代ジャポニカ学習帳人気投票」です。

これまでショウワノートが発売してきた全80種類のジャポニカ学習帳で、どの表紙が好きか、Amazon内でコンテストをおこなったのです。
当時のネットニュースでは次のような見出しで紹介されました。

昆虫写真のジャポニカ学習帳、復刻へ
アマゾンで異例の国民投票（withnews　２０１５年４月28日配信）

〝昆虫表紙〟復活も!?
――ジャポニカ学習帳がAmazon上で歴代表紙の人気投票実施
（マイナビニュース、２０１５年５月３日配信）

話題性をＭＡＸにまで高めておいて、そのピークで誰もが参加できる〝国民投票〟をおこなう。これは、ＰＲの流れとしては完璧です。
「この間すごいニュースになっていた、あのノートの人気投票がある！」「しかも私たちも投票できる！」と、自分もそのムーブメントに参加している感覚になるからです。

[図版❷] ジャポニカ学習帳45周年記念企画
「あなたの1票が復刻を決める、
歴代ジャポニカ学習帳人気投票」を実施
（Amazon.co.jpより）

ジャポニカ学習帳
45周年記念企画

あなたの1票が復刻を決める
歴代ジャポニカ学習帳人気投票

概要	1970年代～2000年代までの表紙から代表的な「80種類」について、商品詳細ページを用意いたしました。 各年代の中から、お気に入りの表紙を一つ選んでご応募ください。 この夏、皆様の投票をもとに、各年代人気No.1の表紙を復刻版として発売いたします。
投票期間	2015年4月28日(火)0:00 ～ 2015年6月15日(月)23:59(日本時間)
投票方法	以下歴代ジャポニカ学習帳から復刻してほしい商品を一つ選んで、ページ下部の応募フォームより年代と商品番号を入力の上ご投票ください。
結果発表	2015年7月上旬に投票結果及び復刻5商品を当サイトにて発表いたします。
販売について	1970年の最初のシリーズの一つであるひまわりの表紙デザインのノートと、皆様の投票応募結果により各年代1位となったノート(4種)の5冊セットを数量限定にての復刻版として販売予定です。なお、Amazonでは1,000セットを先行予約販売いたします。 ※復刻版の販売に関する詳細につきましては、結果発表日に公開を予定しております。 ※復刻商品は表紙のデザインを忠実に再現し、サイズ等の仕様は当時から変更したものになります。

1970年代

番号:01 番号:02 番号:03 番号:04 番号:05

番号:06 番号:07 番号:08 番号:09 番号:10

「そんなイベントやってるんだ。ふーん」とスルーされて終わるか、「そんなイベントやってるんだ！　私も参加したい！」と思ってもらえるか。その差は、**イベント開催までに、ＰＲでどこまで広められ、消費者一人ひとりに興味を持ってもらえたかの差として表れる**のです。

しかも、ショウワノートは、人気投票で1位になった表紙を復刻販売することを謳(うた)いました。つまり、「既に店頭から消えた」はずの昆虫の表紙が、1位になれば期間限定で入手できる可能性があるということです。

これが、話題にならないわけがありません。

当時のAmazonの告知ページが図版2です。

こんなふうに歴代表紙がズラリと並べば、それだけで、子どもの頃愛用していた大人たちのテンションが上がるはずです。もちろん、欲しくもなる。そこをショウワノートは、うまく突いたのです。

この〝国民投票〟の結果も、ニュースになったとたんにネットに拡散しました。

１９７０年代、80年代、90年代、２０００年代でそれぞれ1位になったのは、「クワガタ／理科」「パプアヒメカブト／こくご」「キララシジミ／漢字練習帳」「デリアス・ヒバレテ／社会」。ショウワノートは、これら4冊のジャポニカ学習帳と、同シリーズの一番初めに販売した、ヒマワリの表紙デザインのもの計5冊をセットにしてAmazonから復刻販売しました（図版3参照）。

予約時から反響は高く、Amazonで先行受注予約を3000セット受け付けたところ、予約開始から24時間で完売しました。PR展開はショウワノートの思い通りに進んだのです。

復刻ジャポニカ学習帳セットを買った人は、SNSを使って「見て、見

［図版 3］　復刻ジャポニカ学習帳の５冊
（写真提供＝ショウワノート）

て！」と言わんばかりに写真つきで紹介してくれます。見た目も鮮やかで、ノートを並べて撮影すれば写真映えもしますから、写真を投稿する人は多かったと思います。

「ジャポニカ学習帳」のＰＲが成功した理由

ショウワノートの「45周年記念をＰＲしたい」という当初の目的は、ＰＲ的に大成功しました。

その理由は、プロローグでもお伝えした通り、最初に**ネットメディアを上手に使いながら、新聞やテレビなど旧来のメディアを巻き込む**手法がうまくいったからです。しかも、ＰＲをスタートさせた早い段階で各メディアにうまくはまった。これは大きかったと思います。

ちなみに、これを私たちＰＲ業界では、「情報連鎖」と呼んでいます。

情報連鎖とは、「伝えたい」「意見を述べたい」と思えるような情報を、あらかじめ意図的につくり、用意しておき、ＰＲという手法で仕掛けることによりひとりでに広がってい

［図版 ❹］ 情報連鎖の概念図

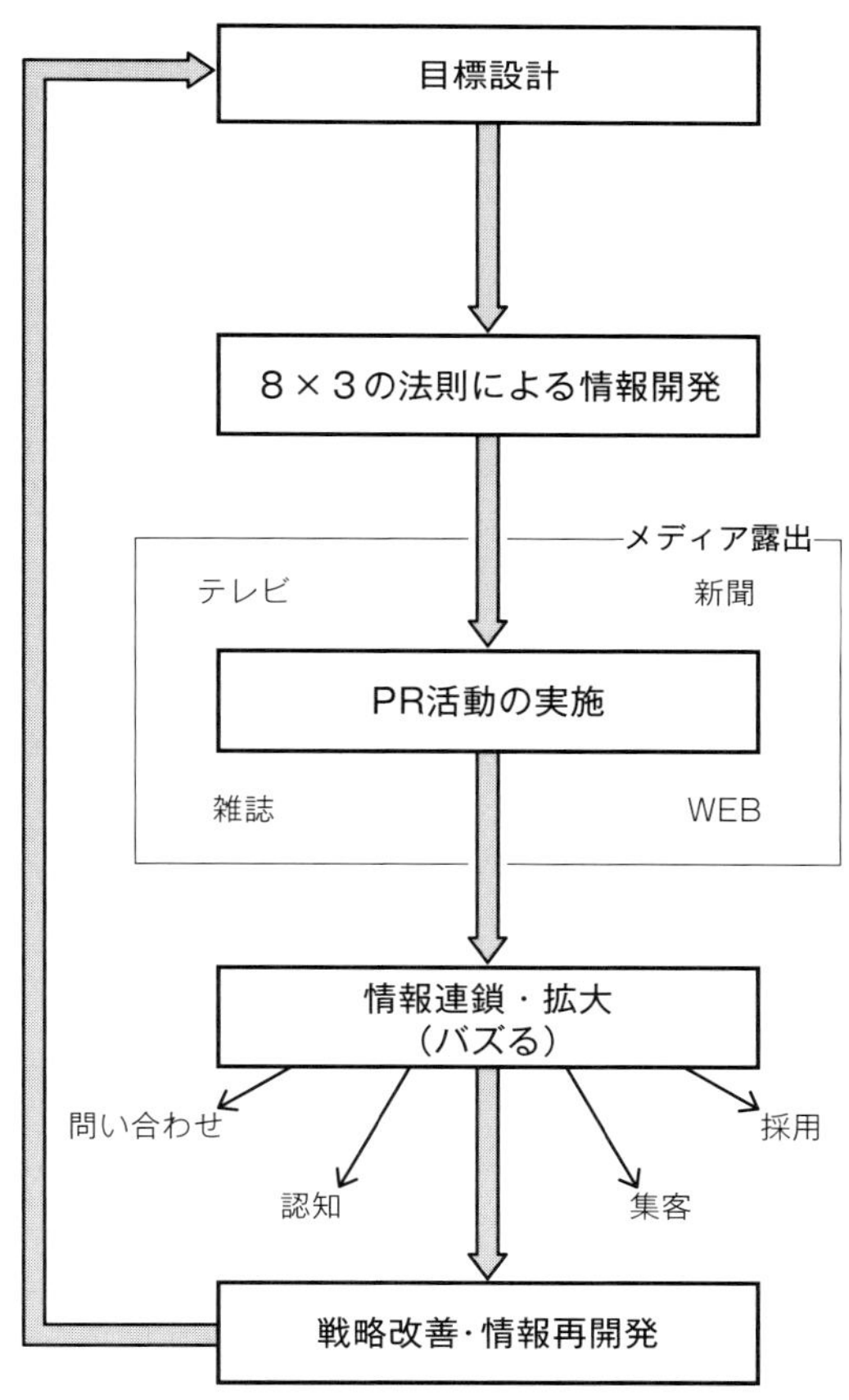

くこと。

あるいはひとつの有力メディアがそれを扱うと、たちまち、ほかのメディアにも広がっていく。これが、連鎖が起きる現象です（図版4）。

今回のショウワノートも、まさにその情報連鎖が起こった事例です。

そして、世の中のヒット商品や、一躍有名となったサービスも、この情報連鎖によって生まれていることがほとんどです。「クリスピー・クリーム・ドーナツ」しかり、「俺のフレンチ」「俺のイタリアン」しかり。これらは、実は広告やＣＭをほとんど使わず、この情報連鎖が起きて一気に認知度が高まったのです。

特にここで強調したいのは、どの商品やサービスも、爆発的に広がるときにはある共通点があるということ。

それが、これです。

個人が、自ら発信したくなる情報かどうか

思い出してください。私はＰＲの原理原則について、プロローグでこう書きました。

誰かに話題にされない限り、絶対に商品・サービスは広まらない

誰かに話題にされるということは、一人ひとりが自ら**「発信したい」と思えるような共感を呼ぶ情報でなければならない**ということです。

その広め方（伝え方・伝える内容）で、注目されるかどうか。

それが、情報の受け手、つまり消費者が「発信したい」と思うかどうかの分かれ目です。

注目される理由は、その商品やサービスが目新しいから、おトクだから、おもしろそうだから……などさまざまありますが、とにかく、**自分が情報を発信することで、多くの人と自分が五感で感じた刺激や気持ちを共有できそうなもの**ほど「発信したい」と思うのです。

同時に、次のことも大きく影響します。

その商品やサービスは、〝賑わってる感〟があるか

私は、バズるとは、世の中を動かすことでもあると思っています。

そのためにも、仕掛ける段階で、自分たちが広めたい商品やサービスが「世の中を賑わせている〝感じ〟」をつくり出せるパワーがあるかをとことん追求することが大切です。この〝感じ〟というのが重要なのです。

PRをする段階では、その商品やサービスがどこまで売れるかは未知数です。でも「どうやら話題になっているようだ」「世の中の関心が高そうだ」「巷(ちまた)で盛り上がっているみたい」と思わせることはできますし、その〝感じ〟をどこまでアピールできるかが、ネットで拡散をねらうときにとても重要なポイントになってくるのです。

私は、PR会社の経営のかたわら、MBA（経営学修士）を取得するために大学院に在籍し、なぜ人はクチコミをしたり、自分が気に入った、気になったものやことを人に紹介するのかということ、また、なぜクチコミやメディアの情報に左右されて、つい衝動買いをしてしまうのかを行動心理学や脳科学の視点で研究しています。

その中でわかってきたことがあります。それは、人は意外と合理的ではないこと。そして、自分の購買に自信がない、ということです。そのため、社会で賑わっていたり、友人が強く推薦するものを優先してしまうのです。

そうしたトレンドをつくり出すために、企業はイメージキャラクターとしてタレントを起用したり、ＣＭと広報を連動したりと、莫大な広告費をかけてきました。

しかし、そういう手法に委ねるＰＲはもう古いのです。

今、最も考えるべきことは、タレントを誰にするかではなく、世の中の関心事に自社のサービスや商品をどうリンクさせるかということです。

一番わかりやすく、かつ効果的なのは、世の中の意識が向いている方向に向かい、世間の波に乗っかること。

それなら、莫大な広告予算もタレントも必要ない。予算がふんだんに取れない事業や中小企業、個人事業主でも実施が可能です。

これを、私はこれからの新しいＰＲの仕掛け方、「共感ＰＲ」と呼んでいます。

世間で注目されていそうだから、その情報を発信したい。

いかに、消費者一人ひとりに「みんなが注目してそう」と思わせられるかが勝負です。

そのための最強ツールが、次章で解説する「8×3の法則」です。

シンプルなコツをつかめば応用がきく

ジャポニカ学習帳は、ネットを活用したニュースや新聞などで広めてから、Amazonで歴代の人気ノートの〝国民投票〟をおこないました。ニュースになり、人々がSNSで話題にし盛り上げてくれるタイミングを見計らって何かしらのイベントを開催するのは、PR的に見て王道かつ完璧な流れです。

共感PRの特長は、応用がきくことです。

すなわち、ここまで述べてきた**一連の流れを頭に入れておけば、どんな商品やサービスにも応用できる**のです。

私が、〝PRのプロフェッショナル〟として尊敬する企業の一つに、「ガリガリ君」でおなじみの赤城乳業があります。

同社の代表商品の一つであるガリガリ君は以前からファンが多いアイスキャンデーでしたが、殊に世間の注目を集めたのは、2012年。発売されて大ヒットを記録した「ガリガリ君リッチ コーンポタージュ」です。

味は「まずくて全部食べられなかった」「意外にイケる味だった」と賛否両論でしたが、本来、売り上げダウンに直結するはずの「まずい」という意見も、「一度ぐらいなら、食べてみたい」と思わせる〝怖いもの見たさ〟も手伝って、主にソーシャルメディア上で一気にこの話題は拡散されました。その結果、ネットニュースから火がつき、いくつものテレビのワイドショーで取り上げられ、その結果、わずか15万円のPR費用で、5億万円以上の宣伝効果を上げたそうです（遠藤功著『言える化――「ガリガリ君」の赤城乳業が躍進する秘密』潮出版社、2013年）。

翌年には、新しく「クレアおばさんのシチュー味」を発売し、これもたちまちネットで拡散され、「あのガリガリ君が、今度はシチュー味で勝負！」と大きな話題になりました。コーンポタージュ味にシチュー味。さらにその翌年には「ナポリタン味」です。おそらくは商品ができ上がってからPRを考えるのではなく、商品開発の段階から、「どうやってPRを仕掛けていこうか」「どうやってPRで世の中を動かそうか」「PRが仕掛けやすいのはどういう特徴を持った商品なのか」という視点で商品をつくっているのだと思います。

ナポリタン味は、売り上げとしては惨敗。3億円近い赤字を出したそうです。しかし同社は、大コケしたことを隠さずに、というよりむしろ積極的に「マズかったから、3億円もの赤字を出してしまいました」とテレビ番組で言ってしまうのです。

もちろん、これすらもPRの一環のはずです。同社は、売り上げ不振だったことをアピールしたかったわけではなく、「あのガリガリ君の会社は、何かいつもおもしろいことをしている」と思わせることが目的だったのではないでしょうか。

いつも「何かしらやらかしてくれる感」を前面に出すことで、変わりダネの新作味は発売のたびに注目されます。まずくても、赤字でも、すべてをPR材料にしてしまう。一歩間違えれば、クレームになりかねないのに、それを笑いに変えてしまう。あのセンスとガッツには驚かされます。

記憶に新しいところでは、ガリガリ君の値上げがあります。

2016年4月1日出荷分から、25年ぶりに価格改定に踏み切ったのです。60円から70

円に変更されました。10円の値上げです。10円ですよ？

25年ぶりの価格改定はニュースかもしれませんが、原材料が高騰したり人件費を圧迫して値上げせざるを得ないというようなニュースは、ガリガリ君に限らず日常茶飯事です。でも赤城乳業は、こうしたこともさもビッグニュースであるかのようにＰＲするのです。このような関心事のつくり方は秀逸でした。なんと会長をはじめ赤城乳業の社員全員が謝罪動画を作成・配信したのです。

結局、値上げしたにもかかわらず、同社の販売売り上げは値上げ前よりも10％増加しました。

メディアにとっても何てことのないレベルの出来事を、わざわざ動画まで作成・配信するというのは、**「また、あの会社がおもしろいことをしてる！」と、世間で賑わっている感を出すため**です。

赤城乳業のコーポレートスローガンが「あそびましょ。」であり、「あそび心」を大切にしていると知って、なるほどと納得がいきましたが、何かＰＲするたびに〝賑わっている感〟が出せるのは、まさに〝プロのＰＲ〟。あらゆることをネタにしてしまえる赤城乳業の大きな強みだと思います。

このように、常に注目を集めるために、情報を発信し続けることは大切です。

ユニクロでおなじみのファーストリテイリングの柳井正社長はこう言っています。

「私たちはものづくり企業であると同時に、情報発信企業でもある」

良いものづくりをしても、多くの人に話題にされて広がらなければ、ヒットしない。そのことを長年の経験から熟知しているからこその言葉でしょう。

トライ&エラーが容易にできる

ショウワノートのジャポニカ学習帳にしても、赤城乳業のガリガリ君にしても、そもそも「知名度があるから」PRがうまくいったのだろうと言う人もいるでしょう。

確かに、そういう側面はあります。

これからみなさんが本書を読んでPRしよう、ヒットさせようとする商品やサービスの多くは、みんながみんなそのように恵まれた環境下にあるわけではありません。

よく知られていないがゆえに、なかなかニュースに取り上げてもらえない、消費者によるＳＮＳでの拡散力が弱い、イベントと一緒に仕掛けたものの反応が薄いなど、思うようにいかないこともあるでしょう。

でも、私からすれば、それは言い訳にすぎません。

どんなに**知名度がない商品やサービスでも広まるとき広まる**からです。

もっと言えば、たとえ知名度があっても、仕掛け方を間違えれば、その他大勢の情報の一つとして埋もれてしまいます。

一方で、私は、ＰＲのすばらしい特徴の一つに、**「いくらでも、やり直しがきく」ということ**があると考えています。

大量の広告費を使ってテレビＣＭを打つといった大掛かりな宣伝をおこなう場合、捻出すべき費用は数千万、何億円単位になることもあります。いつ、どこで広告を出すか、露出をコントロールできる反面、掛かるお金が膨大になることが多いので、「絶対に失敗できない」という気持ちが先行します。

これに対してＰＲは、先のガリガリ君の例にもあるように、数十万円程度のＰＲ費用で一気に拡散することも大いにあり得ます。

リリースを送るなどしてＰＲをかけても、その情報を取り上げるか取り上げないかはメディア次第という意味では受け身です。しかし、一度情報を発信して取り上げられなかったとしても、「訴えるポイントがズレているのではないか？」と仮説を立てて、アピールすべきポイントを改めて洗い出すというふうに、やり直すことができます。これは、ＰＲの大きなメリットです。メディアや社会や消費者を巻き込んで、試行錯誤しながら一緒につくり上げる感覚でトライできるのです。

一方、広告ではそれができません。一度、大掛かりなプロモーションを仕掛けて失敗してしまったら、後の祭り。失敗は許されないのです。

トライ＆エラーが容易にできる。何度も挑戦できる。

これは、ＰＲの大きな強みです。

もちろん、ＰＲに割ける人も時間も限られるでしょうから、なるべく早い段階でバズるに越したことはありません。

では、早く、強く効く最強の方法を次章で詳しく見ていきましょう。

第2章

〈理論編〉

消費者が黙っていられない情報をつくる！

「8×3の法則」

世の中の関心を集めヒットにつながったＰＲを仕掛けたとき、私が何をしたか。
結論から言えば、ごくシンプルなことしかしていません。

クライアントにヒアリングをして、どのようにＰＲを仕掛けるかを考えて、実行に移す。

これだけです。
もう少し具体的に言えば、私の会社では、通常三つの手順を踏んでクライアントのＰＲを実行します。

1　現在の企業環境や、ミッション、ビジョン、事業課題などを分析〈ヒアリング〉
↓
2　ＰＲしたい商品やサービスのＰＲ戦略を練る〈「８×３」の策定〉
↓
3　実行

ＰＲ会社としては、特に初対面のクライアントの依頼を引き受けるときには、１が大切です。企業の理念やビジョン、経営状況、事業における中長期的な目標や課題などをヒアリングして、クライアントの状況を正確に把握しなければならないからです。

ただし、本書を読んでいる人の多くは、ＰＲ会社を通さず自社で独自にＰＲを考えていると思います。

この場合、先に２の〈「８×３」の策定〉から着手してください。２を考えているうちに、おのずと自社の理念やビジョンについて改めて立ち返ったり、商品やサービスの課題や問題点を洗い出す、すなわち１を考えることにもつながっていくからです。

自社でＰＲ戦略を考える際、１は今さら分析するまでもないと考えがちですが、２の作業をしていると、そうではないことに気づく場合が少なくありません。自分の会社がどこに向かっているのか、どうしたいのか、何を課題としているのかを改めて考えてみることで、自社の強みも見えてきます。ＰＲ戦略をより強化することにもなるのです。

さて、２のＰＲ戦略を考えるときは、基本的に次のことだけを念頭に置いてください。

メディアやＳＮＳに情報を流す場合、何が最もアピールできるポイントになるのか。

ＰＲ会社に依頼するにせよ、社内で情報を拡散ＰＲするにせよ、あるいはネットメディア、新聞社、テレビ局など各メディアにリリースを流すにせよ、基本であり、かつ必須のことです。

クチコミを広めるためには、共感される、つまり情報そのものに心がときめいたり、誰かに広めたいと動機づけられるようなインパクトが必要です。

メディアであっても、それは同じです。それぞれの媒体ごとに特徴や専門性がありますが、共通している点が一つだけあります。それは、読者（人）に情報を届けることを役目としている、ということです。

第３章、第４章で具体的に紹介しますが、仮にプレスリリースという手法を用いるのであれば、リリース内容の情報をどうつくり出すか、という最初の一歩で、メディア側の採用の可否が決まります。

つまり、**同じ情報なのに、その切り取り方次第で「よくある情報」になったり、「おもしろい情報、広めたい情報」になったりする**のです。

とはいえ、どこを強調すれば「おもしろい情報、広めたい情報」になるのかは、つくり手側にいるとつかめないことが少なくありません。企業側は「すごくおもしろい」「画期的だ」と思っていても、実際にはメディアの人や消費者に刺さらないことは珍しくありません。また、企業側が意図したこととまったく違った角度や、あるいは企業側は特に意識していなかったことに、消費者側が魅力やおもしろみを感じて支持され、広まっていくというのもよくある話です。

たとえば、富士フイルムが１９８６年に発売したレンズつきフィルム「写ルンです」。デジタルカメラに押されて販売数は下がる一方でしたが、ここ数年、人気を取り戻しています。

軽くて持ち運びしやすく、カメラを忘れても出先で１０００円程度で購入できること。

操作が簡単だし、通常のカメラより慎重に扱う必要もないこと。発売当初、企業側がこの商品の魅力として考えていたのは、そんなところではないでしょうか。

でも、今人気が盛り返しているのは、別の理由です。

２０１４年8月、国立科学博物館の「未来技術遺産」に選ばれ、これをメディアが次々と報道しました。そのことで、写ルンですを知らない世代にも商品が認知されるようになりました。

また、若者の間では、Instagram（インスタグラム）など写真共有サービスを使う際に、しばしば撮影した写真に加工を施します。セピア色やモノクロなどありますが、その一つとして、フィルムで撮影して印画紙に焼いたような風合いの加工があり、とても人気です。

そんなところから、フィルムカメラを知らない世代が実際のフィルムカメラで撮った写真に関心を抱くようになったというのです。新しい消費者ニーズに乗って、写ルンですの売り上げは半年で5倍ほどに増え、若者の間で新しいブームとなっています。

売り上げが落ち込んでいた当初、こんなことになるとは、富士フイルムも予測していなかったのではないでしょうか。デジタルに慣れ親しんだ若者が、デジタルの画像処理からフィルムに興味を覚える。企業の側からは予想がつかないおもしろさを、消費者は見つけることがあるのです。

ではどうすれば自社の商品・サービスを客観的、俯瞰的に見て、真におもしろい情報、広めたい情報、共感される情報に落とし込むことができるのか？

その情報をつくるためのツール（考え方）が「8×3の法則」です。

この法則を使うことで、自社の商品やサービスについて具体的、かつ客観的に掘り下げていくことができます。すると、どの部分を武器にしてプッシュしていけば、より効果を得られるのかが見えてくるのです。

「8×3」の法則でバズるチャンスを高める！

さて、ここからは「8×3の法則」とは何なのか、詳しく説明していきます。

「8×3」は、バズる効果を最大限に高める法則です。

では、「8」と「3」とは何か。次ページの図版5を見てください。

［図版❺］　8×3の法則

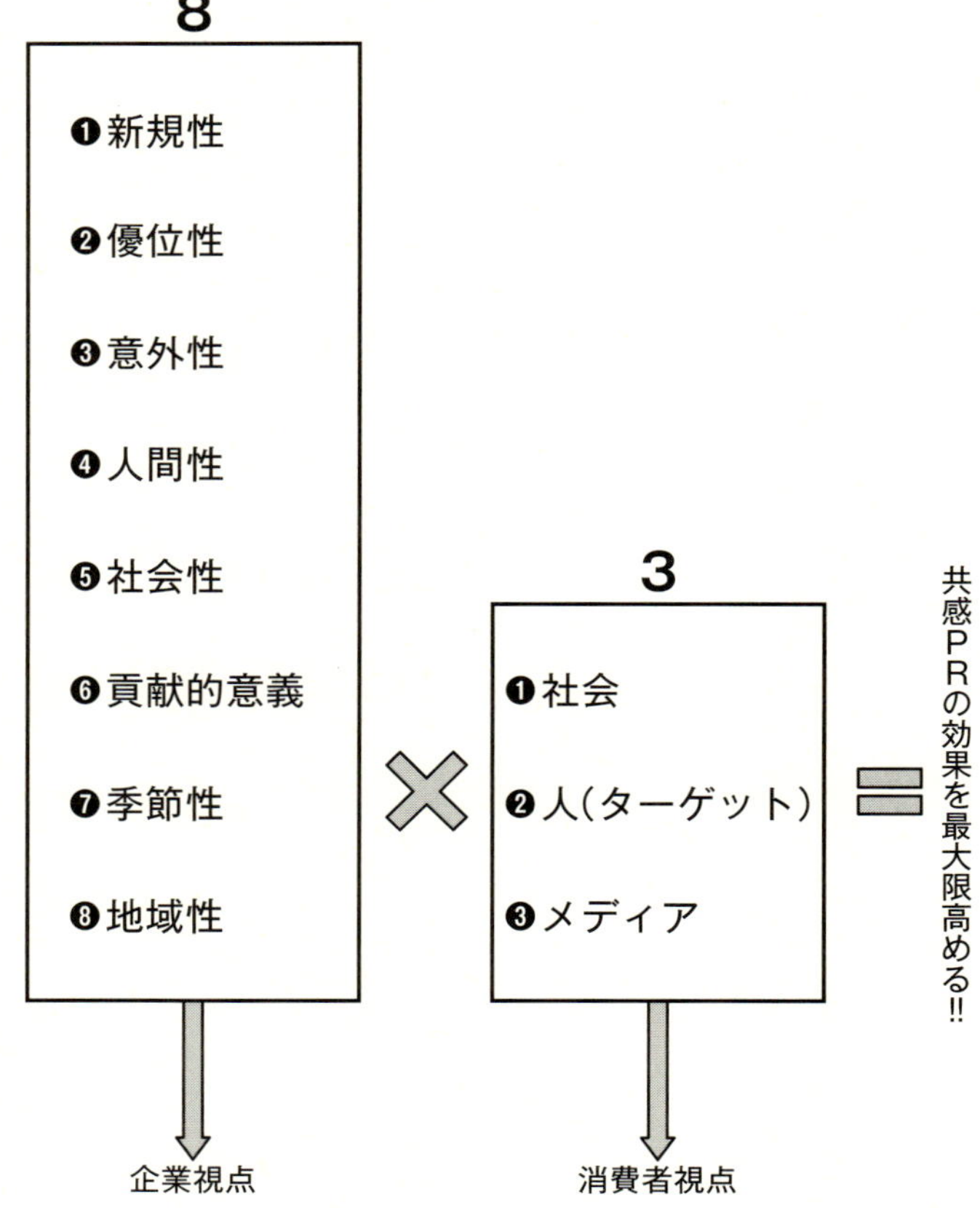
8
❶新規性
❷優位性
❸意外性
❹人間性
❺社会性
❻貢献的意義
❼季節性
❽地域性
企業視点
3
❶社会
❷人（ターゲット）
❸メディア
消費者視点
共感PRの効果を最大限高める!!

自社の商品やサービスの強みを探る（8）
×
消費者に受け入れられるか検証する（3）

「8×3」のうちの**「8」とは、1の「新規性」から8の「地域性」までの八つの性質**を指します。

自分たちがPRしたい商品やサービスの強みが、この八つのうち、どれに該当するかを考えていきます。

ここで自社の商品やサービスの強みを探り、どこが優れているのか、他社よりも抜きん出ているところは何かを明確にしていくのです。

PRの現場において、一般的に強力な順に1から8の番号をつけていますが、1の「新規性」は不動であるものの、2~8は順番が変わったり、組み合わせて効果を高めたりもできます。新規性には、2~8の性質が包含されているということもあります。

その後で、この**「8」で洗い出した強みが、果たして消費の立場に立ったと**

きに本当に求められているのかどうかを考えていきます。

それが、「8×3」の「3」の部分にあたります。

この後詳しく述べますが、**「3」は、社会、人（ターゲット）、メディアの三つ**です。社会が求めている情報か、ターゲットとなる消費者に本当にアピールできる情報か、メディアが取り上げたくなるような情報か、その三つの視点で考えるのです。

「8」で企業（自社）視点で強みを洗い出し、「3」の消費者視点で「8」の性質を客観視して確認するわけです。

いったん「8」で洗い出した情報を「3」で揉む。ひと手間加える感覚です。この「3」のひと手間が、企業側のひとりよがりを防ぎ、結果としてバズりやすくなるのです。

この「8×3の法則」をもとに、自社の商品やサービスの強みを整理して、これを材料に、たとえば発信する情報やプレスリリースを作成していきます。

また、パンフレットやウェブサイトなどをつくる際にも、「8×3の法則」でつくった材料を活用すればセールスポイントを明確にすることができ、他社との差別化も容易です。

では、ここから、実際に、「8×3」の「8」と「3」について、それぞれ詳しく見ていきましょう。

まずは「8」について1の「新規性」から順に解説していきます。

1 新規性

質問

そのサービスや商品にはナンバーワン、
オンリーワンだと言える何かがありますか？
それは、世界中や日本中、
業界内で初めての試みですか？

「新規性」とは、文字通り、これまでになかったものやサービスを指します。

一番わかりやすいのは、「世界ナンバーワン」とか「日本で初めて」など、今までどこにもないケースです。

八つのうち、間違いなく最も威力があり、ダントツの存在感を発揮します。ですから、「8」のうちまず最初に「新規性」があるかどうかを確認してください。もちろん今さら確認するまでもないケースが多いのですが、そうでないこともあります。

たとえば「業界初の新商品が出ました」と発信するだけでは、当然ながらまったくウリにはなりません。新商品であれば、「今まで存在しなかった商品だけれど、実はニーズはあったんです」「この商品によって今までとは違って、こんなに便利になります」といったことを伝える。また、新商品でなくても、「○○○○○という理由で、この業界では世界ナンバーワンである」ということが明言できる。そうして初めて強みとして成立します。

ハードルは高いのですが、その分、「新規性」を見つけることができて、それを強みにできる商品やサービスは、当たる確率が極めて高いと言えます。

２０１４年４月、鹿児島県鹿屋(かのや)市にオープンした「鹿屋アスリート食堂」。

ある日、飲食店を経営する会社、バルニバービの佐藤裕久(さとうひろひさ)社長から連絡がありました。

「鹿屋アスリート食堂を、日本一の食堂にしたいんだけど、ＰＲをお願いできないか？」

と。

この食堂は、「**日本で初めて**」という点で、「新規性」を持っています。

では、どんなところが「初めて」なのか。

鹿屋アスリート食堂は、関東、関西で「GARB(ガーブ)」「かのや」「GOOD MORNING CAFE」など約40店舗の飲食店を経営するバルニバービが、鹿屋体育大学、鹿屋市と協力しあって、「産学官連携プロジェクト」としてオープンしました。

「アスリート食堂ってことは、アスリート限定の食堂？」と思った人もいるかもしれませんが、ちょっと違います。

この話の発端は、リオデジャネイロ五輪男子競泳銅メダリストの松田丈志(まつだたけし)選手や、アテネ五輪競泳女子金メダリストの柴田亜衣(しばたあい)選手などトップアスリートが数多く輩出、在籍する鹿屋体育大学から、バルニバービへの要請でした。

トップアスリートの学生たちは夜遅くまで学内で練習しますが、夜8時には近隣の飲食店のほとんどが閉店してしまうので困っていました。それを憂慮した大学が、「遅い時間でも、気軽に夕食を取りに立ち寄れる学生のための食堂をつくれないか?」と、飲食店経営で実績のあるバルニバービに打診したのです。

そして、同大学の長島未央子講師が監修する「スポーツ栄養学」に基づき、食材の宝庫と言われる鹿屋の良質な食材を使った一汁一飯三主菜の定食を提供する食堂が完成、2014年4月に鹿屋市内に直営店を開業したのです。同年6月には、満を持して東京にも1号店がオープンしたという経緯があります。

そのアスリート食堂は、このような食堂です。

アスリートのサポートプログラムを描くと同時に、一般の人々の食と健康も担う、これまで日本になかったまったく新しい食堂

これまで日本になかった。つまり、日本初のコンセプトですから、「新規性」をウリにして打ち出すことができます。

しかも、東京の鹿屋アスリート食堂1号店には、さらに強烈な「新規性」があります。皇居の周りを走る、いわゆる「皇居ランニング」ができる場所から徒歩3分のところにあるビルを「10 OVER 9」と名づけ、ビル1棟を丸ごと使って、1階がアスリート食堂、2～4階は更衣室やシャワー室などがあるランナーサポートルーム、屋上にはランナー同士が交流できる空間を設けました。

そんな、これまでにないセンスと実用性が光る施設です。ランニング×食堂というさらに斬新な試みで「食と運動と寛ぎ(くつろぎ)」をサポートしているのです。

アスリート食堂×ランニング

では、なぜランナーをサポートするという発想が生まれたのか。

それは、この「10 OVER 9」ビルができるまでは、「朝、皇居の周りを走ってから出勤したいけれど、着替える場所がない」と困っている人がたくさんいたからです。

佐藤社長は、自らもランニングが趣味で皇居ランナーでもあるので、自分もランナーの一人として不満を抱いていたのです。だから、「あったらいいのに」と思う声に応えることができたのです。

このように鹿屋アスリート食堂にまつわる情報を丁寧にできるだけたくさん聞き取り整理していくことで、その生い立ちだけでも「新規性」を謳うには十分なのに、ランニング×食堂を打ち出した東京1号店はより一層、「新規性」を強調でき、ますます尖ったＰＲができたのです。

そこで、東京1号店のオープン記念と合わせてイベントも開催するなどＰＲを仕掛けたところ、たちまち全国紙を含め主要新聞10紙以上に掲載され、雑誌などでも紹介されました。新聞の見出しは抜粋すると次のようなものでした。

- **皇居ランナーへの健康食 「アスリート食堂」登場**（日本経済新聞　２０１４年５月30日）
- **皇居近く走食系施設**（朝日新聞　同年６月５日）
- **食と運動で健康をサポート**

食堂＋ランステーション　アスリート食堂
（食品産業新聞　同年6月9日）

・**疲労回復に、メタボ対策に**
体育大の健康メニュー　都心に「アスリート食堂」
（毎日新聞　同年7月12日）

やはり、「新規性」を強調できたがゆえに、注目度は高く、あっという間に広まったのです。

強みは複数探しておく

ただし、ここで注意したいのが、**「新規性」はいつまでもウリになるとは限らない**ということ。

「新規性」を謳う商品やサービスは、発表した瞬間から競合他社にマネされ、追随が始まります。**「新規性」があると思っても、いつしか同質化してしまう**リスクは大いにあるのです。

そう。ここも、「8×3」の「8」を考えるときの大事なポイントです。

「8」で洗い出す強みは、いくつかあっていい。

自社の商品やサービスの強み、ウリになるところは、八つのうち一つだけとは限りません。むしろ、いくつかあるほうが、それらを掛け算したり、使い分けたりしてPRできるのでメリットが多いものです。たとえばテレビで紹介される場合も、情報番組なら「1 新規性」の要素を強く打ち出せる、ノンフィクション番組に出るなら「4 人間性」を強調できるなどアプローチの幅が広がります。

だからこそ、八つのうちいくつかの強みを用意しておくといいのです。「1 新規性」×「3 意外性」×「4 人間性」など**複数の強みを掛け合わせる**と、仮に新規性が失われても「意外性」×「人間性」でまだまだPRできます。また、当然のことですが、それ以外の七つから、新たな強みをひねり出す、あるいはつくり出すことも不可能ではありません。一つがダメになってしまったら諦めるのではなく、つなぎ合わせて考えることが大事です。

ちなみに、アスリート食堂の場合は、「新規性」だけでなく、このあと説明する「3 意外性」や「4 人間性」にも当てはまるところがあります。

イベントで新規性をつくる

これまで述べた通り、「1 新規性」は、「世界ナンバーワン」とか「日本で初めて」「業界初」など、今までどこにもなかった商品やサービスが対象になります。

ただし、次のような場合は「新規性」を打ち出すこともできます。

たとえばお好み焼きの粉を扱う企業が、PRの一環として「日本で一番でっかいお好み焼きをつくってギネス記録にチャレンジ！」というイベントを計画するとき。「お好み焼きの粉」だけでは「新規性」を打ち出すことはできませんが、ギネス記録と絡めたら話は変わってきます。

実際、そういうPRはおこなわれています。

2016年9月、香川県三木町が町おこしのPRとして、長さ4000メートルの流しそうめんのギネス世界記録に挑戦しました。三木町の廃校で同町の山に広がる竹林を使って、同県小豆島の名産品のそうめんを使ってイベントを開催したのです。

クラウドファンディングで出資者を募ったところ127万円が集まり、目標金額を達成。当日は途中でそうめんが止まってしまい、残念ながら記録達成はなりませんでしたが、PRの観点から見れば記録を達成しようがしまいが「成功」です。

ネットのニュースを賑(にぎ)わせたり、クラウドファンディングで話題になったり、全国紙に掲載された時点で、香川県三木町という名前は多くの人に知られ、町おこしに一役買ったからです。

商品やサービスそのものは目新しいわけでなくても、それに絡めたイベントなどが世界一や日本初を狙えるものであれば、イベント開催時限定の短期間勝負とはいえ、新規性を前面に出してPRすることはできるのです。

また、当時、まだ地方自治体でクラウドファンディングの仕組みを使うことは珍しく、それを活用して資金をネットで集めて町おこしをするということは、非常に画期的かつ挑戦的な試みでした。

そう考えると、「新規性」だけでなくこの後紹介する「2 優位性」との見事な合わせ技だと言えるでしょう。

「早く言ったモン勝ち」もアリ

長野県阿智(あち)村にある昼神温泉郷を知っていますか。長い間、ほぼ無名だったこの温泉地は、「日本一の星空の村」としてこの数年でテレビや新聞で紹介され、一気にブレイク、2015年には6万人もの観光客が訪れたのです。12年から始めた「日本一の星空ナイトツアー」が大人気で、村内の宿泊施設は何カ月も先まで予約でいっぱいだといいます。

これも、「新規性」に該当します。

文字通りの「日本一」ですから。

06年、阿智村は「全国星空継続観察（星が最も輝いて見える場所）」第1位として環境省からお墨付きをもらったのです。そして、この「日本一」というキーワードを村おこしの前面にプッシュしてPRし、見事ブレイクしたのです。

さらに、前述の「日本一の星空ナイトツアー」を案内する「スターガイド」。これも実は世界初の試みでした。それゆえ、最初は試行錯誤の連続だったそうですが、3年をかけて、見事、なかなか予約が取れないツアーに成長させたのです（この話を掘り下げると、後述する「4 人間性」にも該当するかもしれません）。

実際に訪れてみると、標高1400メートルからの星空は「天空の楽園」という形容がまさにぴったりな美しさで、多くの人がSNS（ソーシャル・ネットワーキング・サービス）に写真をアップしているのを見かけます。

ただし、ちょっと意地悪な見方をすれば、「ならば、隣の村はどうなの？」と思ってしまうものです。おそらく、空気は澄んで星もきれいに見えるはずです。でも、阿智村は、環境省から第1位に選ばれたことをフルに活用して、ほかの追随を許しませんでした。「新規性」は、ある意味、「早く言ったモン勝ち」のところもあるのです。

もちろん根拠となる何かしらの裏付けやデータがないと誇大広告になってしまいますので、そこは要注意です。でも、同じような状況、環境の中から一歩も二歩も抜きん出るために、その根拠を探す、あるいはつくる努力は惜しんではいけません。「新規性」には最強と言っても過言ではないほどのパワーがあるのですから。

2 優位性

質問

競合や既存のサービスと比べて、
明らかに違っていたり、
優れている(優位性がある)ことはなんですか?

「優位性」とは、その商品やサービスにしかない付加価値です。

ＰＲにおいては「１　新規性」は紛れもなく最強の要素ですが、これがなくても、この優位性や、次に説明する「３　意外性」を掛け合わせることにより、「新規性」より強力なＰＲが出来る可能性を秘めています。

「優位性」があるかどうかは、類似した商品やサービスと比較したときに、**この商品にしかない価値をいかに打ち出せるか**がポイントになります。

第1章で紹介したショウワノートのジャポニカ学習帳の例は、まさにこの「優位性」を効果的に使ってＰＲしています。

ノートを扱うメーカーは数えきれないほどありますが、その中で表紙に昆虫や花の写真を採用し、45年もの間それを徹底、ブランディングに成功しました。誰が見ても、「あ、あのノートだ」とすぐにわかるのは、45年かけて「優位性」を築いたからにほかなりません。

それは同社の強力なブランド力につながったと言えます。

まず競合を知るところから始めよう

この「優位性」を説明するために、例に挙げたいすばらしいお店があります。

それが、東京・銀座の一等地に店を構える銀座テーラーです。

銀座テーラーは、1946年に創業した、スーツをはじめとする高級オーダーメイド服の専門店。政財界のトップが顧客に名を連ねるほど信頼されているブランドです。

そんなお店なら、黙って待っていればお客は来るだろう、固定客だけで十分ビジネスは成功しているのだろう、と思われそうですが、実は、苦労を重ねてきたドラマがあります。

バブルが崩壊し、高額なスーツを扱う同店の顧客は激減、経営は落ち込み、2代目社長のとき、ついに窮地に陥ってしまったのです。そんな会社を救ったのは、社長夫人の鰐渕美恵子さんでした。それまで専業主婦だった美恵子さんが、会社とブランドを守るべく自らが社長になったのです。当時の借金は、なんと100億円。素人同然だった経営に着手し、さまざまな苦難や挫折を味わいながらも見事に同店をよみがえらせたのです。

この話は、それだけで一代記になるほどですから、本書ではとても語りつくせないので、話をＰＲに戻しましょう。

私が銀座テーラーからＰＲについての相談を受けたのは、２０１４年のことです。

実際、私も仕立てや品質のすばらしさに惹かれて一着オーダーしました。20万円近くするものですが、その仕立てを見れば素人でも職人技のすばらしさがわかります。

「スーツは男の戦闘服」。そう語る社長自身も大変すばらしい方でした。

このスーツの良さを、なんとか一人でも多くの人に広められないだろうか？

どうすれば、より多くの潜在顧客に、銀座テーラーの存在を知ってもらえるか？

そこで、まず考えたのは、「そもそも、高級オーダーメイドスーツのお店に、それほど多くの競合店はあるのだろうか」ということ。

百貨店やセレクトショップなどではなく、スーツの専門店と言えば、スーツのＡＯＫＩやザ・スーツカンパニーのような量産されたスーツを扱うお店を思い浮かべる人が多いでしょう。そのようなチェーン店と高級オーダーメイドスーツは、明らかに客層が異なります。だとすると、高級オーダーメイドスーツの競合店は高級スーツを扱うお店になるはずですが、その数はそう多くないだろうと想像していました。

ところが、けっこうあるのです。都内だけでも何十軒とありました。これに、既製品の高級スーツのお店も競合店として数えたら、かなりの数に上ります。

こうした定番商品として人々に定着した商品やサービスをＰＲする際に難しいところは、差別化が難しいこと。

当然ながら高級スーツを扱うお店は、どこも生地にこだわり、縫製にこだわり、丁寧にスーツをつくっています。ビジネスに使用することが多いものですから、そこまでデザインに特徴を出すことも難しいのです。ですから、そこをいくら強調してもＰＲとしては弱い。また、人々の中では定番のアイデアだけに、「新規性」も生み出しにくい。

生地が良い、縫製が良いのは当たり前。プラスアルファの強みを打ち出せないか――。

そう思って同社をヒアリングしているうちに、オーダーメイドスーツをつくっている職人さんの話が出てきたのです。

職人による若手職人を育てる学校

銀座テーラーでは、ハンドメイドのオーダースーツは熟練の職人さんがつくっています。社内にお抱えの職人さんがいるのです。

「銀座テーラーさんは老舗ですし、職人さんも高齢化しているのではないですか？」

こう尋ねたところ、担当者はこう言いました。

「ええ、そうなんです。以前から、次世代の若手職人を育てなければ後継者が不足するという危機感は抱いていました」

日本にある服飾専門学校には、高級メンズスーツのつくり方を教えるところがほとんどないそうです。

「教える場所がないならば、自分たちで！と思って、学校をつくったんです」

こうして2006年、銀座テーラーは若手職人を育てるため「日本テーラー技術学院」という学校を設立しました。

同学院では、銀座テーラーで働くプロの職人が講師となり、若手の職人志望者にスーツづくりの技術を教えています。生徒を募集すると、既製服にはないテーラーメイドの技術に惹かれ、学びたい人は思いのほか多かったと言います。

そして、担当者は少し得意そうに教えてくれました。

「高級オーダーメイドスーツを扱う企業で、学校までつくったところは珍しいと思いますよ」

ここです。

高級オーダーメイドスーツのお店×若手職人を育成する学校

数多（あまた）ある高級オーダーメイドスーツの生地や縫製がいかに上質かを訴えるだけではPRとしては弱い。でも、老舗の職人の経験と技を生かした学校という話題があれば、そこを銀座テーラーにしかない強みとして打ち出せます。

まさに、ここが「優位性」です。

世界初、日本でナンバーワンと言えなくても商品やサービスにいかに唯一無二の付加価値を見出（みいだ）すか。見つけられたら、「優位性」をPRの要に据えられる可能性が高くなります。

しかも、「学校はどこにあるんですか？」と尋ねたところ、なんと、銀座テーラーのお店が入っている自社ビルの8階にあるとのこと。講師を務める職人は、授業のとき以外は階下に降りていけばすぐ仕事に取りかかれるし、生徒も職人が実際に仕事をしている現場の側で学べることで、モチベーションが高まるそうです。

店舗と同じビル内に学校があるのは、両者にとってメリットがある。このことも「優位性」に絡めてＰＲに活かせると確信しました。

その後の予想通り、日本経済新聞をはじめ新聞各紙、ビジネス系の雑誌など多くのメディアに取り上げられ、ブランドの周知におおいに貢献することができました。職人を育てる、言い換えれば、いいものを丁寧につくって、大切に長く着るための技術や文化を継承しようという思いに共感するお客さんや、これまではスーツ選びにオーダーメイドという選択肢を持っていなかった若いお客さんも増えたといいます。

たとえ世界初、日本一でなくともマネされにくい付加価値を持っている商品やサービスがある場合は、この「優位性」で勝負できる可能性があります。銀座テーラーとしては、学校がまさかウリになるとは考えていなかったと思います。まずは、自社が持っている有形無形のモノ・コトを掘り出してみてください。

数十万円で数億円の効果を出した就活シェアハウス

もう一つ、私の手がけたPRで、「就活シェアハウス・クルーソー」という〝就活シェアハウス〟があります。これは文字通り、就職活動をおこなう学生（就活生）が住むためのシェアハウスです。

この案件は、大阪という東京以外の案件であったことも特徴です。

シェアハウス自体はどんどん増えていますが、就活生に的を絞ったものはほとんどありません。生活をともにしながら就職活動をおこなうので、どんな企業だったか、対応はどうだったか、何を聞かれたかなどの企業の生の情報をみんなで共有できるのです。このシェアハウスは、共同生活のシェアと情報共有のシェアを掛けています。孤独な闘いになりがちな就職活動を、同じ目的を持った同じ立場の人たちと励まし合い乗り越えていけるメリットがあります。

さらに、この就活シェアハウスの運営母体であるキャリアアップという会社は、中小企業と提携していて、就活生と中小企業のマッチングもおこなっています。

まさに、ここが「優位性」です。

就活シェアハウスというだけでもユニークですが、中小企業と学生が時間をかけてお互いを知り、見極められる。このように、同社は両者にメリットのある仕組みを生み出し、そのことがほかからマネされにくい価値となったのです。

実際、そのことをPRのメインに据えたところ、わずか1カ月のうちにNHKをはじめ、関西テレビなど四つのローカルテレビで取り上げられ、日本経済新聞にも紹介されました。結果、数十万円の予算で数億円のPR効果を生み出すことになったのです。

特に、東京と違い、地方は情報が枯渇しています。情報もメディアも東京に一極集約しているからです。ですので、大阪や名古屋といった大都市以外であっても、「8×3の法則」を使って魅力的な情報をつくり出せば、十分にメディアを騒がせたり、地元の人々の気持ちを動かしたり、SNSでクチコミを広げることは可能なのです。

「8×3」の「8」

3

意外性

質問

知人や顧客に話したら、

「へぇ」と感心された、

「ホントに⁉」と驚かれた、

「まさか！　信じられない！　冗談でしょ？」

と笑われたことはありませんか？

「意外性」とは、商品やサービスについて、「へぇ」と感心したり、「え？」と驚くインパクトがあるかどうかを基準に考えます。「2 優位性」のところでも述べましたが、この意外性もまた、「1 新規性」を凌駕（りょうが）できるだけのパワーを秘めています。「1 新規性」で紹介した鹿屋アスリート食堂（70ページ参照）は、この意外性にも当てはまります。

というのも同食堂では、お会計の際に手渡されるレシートに、今日食べたごはんのカロリーが記されているからです。

レシートにカロリーを表示させる

まさに、ここが「意外性」です。食事した金額の数字だけでなく、カロリーの数字まで印字されているのですから。何気なくレシートを見た人は、「あれ？」と驚きますよね。メタボ気味の人はちょっとドキッとするかもしれません。

「意外性」は、言い方を変えると、こうなります。

競合が存在する商品やサービスでも、ほんのちょっと視点をズラせばウリをつくれる！

視点をズラす。これを私たちの社内では、「ポジションずらし」と呼んでいます。

今ある商品やサービスの中で、自社では「ふつう」「当たり前」だと思っていたことが、実は「意外性」があり消費者のインパクトを引くものがあるということです。

鹿屋アスリート食堂は、「スポーツ栄養学に基づいて人の健康と食をサポートする」というコンセプトでつくられた食堂ですから、レシートへのカロリー表示は、ちょっとした〝おまけ〟のつもりだったのかもしれません。でも、食事が終わった後までさりげなくそのコンセプトに沿ったサービスを提供する、しかも大袈裟(おおげさ)なものでなく、会計の際に誰もが受け取るレシートになじむちょっとした細工を施す、という発想は、ＰＲという視点から考えれば、ほかと違う大きな強みとして打ち出せるのです。

もちろん、レシートにカロリーを表示するのは、アスリート食堂にとって「主」の部分ではありませんし、すぐにマネされてしまうことです。

それでも、一時期でもＰＲの一要素としてクローズアップできるものは使う。活用できる可能性のある情報はどんどん抽出していきましょう。

栄養価が高い花

「意外性」といえばはずせない成功事例が、「花のババロア」という商品です。

２０１５年５月、東京駅にフラワーババロア専門店「花のババロア havaro（ハバロ）」がオープンしました。

私は、そのＰＲを請け負いましたが、ネットニュース各局、新聞社、テレビ局などにリリースを送ったところ、即、数多くのネットニュースに掲載されました。そのときの見出しは次のようなものでした。

・新感覚〝お花〟スイーツ！「フラワーババロア」専門店が東京駅にオープン
（RETRIP、２０１５年５月４日配信）

・OPEN直後から売切れ続出『havaro（ハバロ）』のフラワーババロア☆

（4yuuu!）

・日本初！フラワーババロアの専門店「花のババロア」が東京にオープン♡

（macaroni）

私は、花のババロアのPRの話を聞いたとき、「1 新規性」か、この「3 意外性」で勝負できる、ブレイクさせられると思いました。

インターネットを使って「花のババロア」というキーワードを検索してほしいのですが、このババロア、とにかく見た目が鮮やかで宝石のようにうっとりするほどきれいなのです。SNSでは、「女子力の高いババロア」と表現する人がたくさんいました。

その美しさを演出しているのは、ババロアに入っている色とりどりの新鮮な生花です。花と言っても、もちろん食用の花です。

この食用の花はエディブルフラワーと呼ばれ、パンジー、菊、サクラ、キンギョソウなど約20種類が生産されています。その中からパティシエが季節に合わせて花を選び、色や形のバランスを考えながらババロアをつくっています。大ヒットとした歌にもあるような「世界に一つだけの花スイーツ」なのです。こうした特徴を漏らすことなく伝わりやすい情報の形にし、プレスリリースなどの文脈に入れて発信すれば、女性たちが放っておくはずがない、と考えました。

それだけではありません。

実はこのエディブルフラワーは、緑黄色野菜を上回る栄養価なのです。

「え？」と思いませんか。

パンジーに含まれるビタミンCの量はホウレン草の約4倍、トマトの約9倍なのです。

「花」なのに、野菜よりも栄養が取れる！

これが、意外性です。

ケーキを食べて、野菜以上の栄養摂取。

野菜嫌いのお子様も、スイーツで栄養摂取。

「意外性」を打ち出せば、こんな観点からもＰＲできます。

ロボットを豆腐にしてみた

もう一つ例を挙げましょう。これは私が手がけたわけではありませんが、うまいＰＲだと思った商品があります。この例は商品そのものがＰＲに強い性格を持つようにつくられています。

それが、「ザクとうふ」。

といっても、女性の方はなじみが薄いかもしれません。

これは豆腐業界の日本最大手メーカーの一つ、相模屋食料が２０１２年に発売した豆腐です。

ある世代以上であれば、ザクと聞いて、ピンとこない男性はあまりいないでしょう。アニメ「機動戦士ガンダム」に登場する敵役の人型ロボット兵器です。ザクとうふは、そのザク（ＭＳ-06量産型ザク）の頭の形状を模したパッケージの豆腐で、ザクの色に合わせて枝豆風味で薄緑色をしています。

この商品は超がつくほどガンダムマニアの鳥越淳司社長が、ふだんあまり豆腐売り場に足を運ばない男性たちに関心を寄せてほしいという意図でつくりました。

「え？　なぜロボットと豆腐がコラボ？」

そう思ったらPRは大成功。「へぇ」という、「意外性」を感じさせることができたからです。

豆腐とロボットのフォルムという驚きの組み合わせが従来の常識を飛び越えた、〝あり得ない発想〟。これが、意外性です。

ザクとうふは発売直後から大ヒットし、約2カ月で100万個を突破するほど、飛ぶように売れました。

ガンダムのアニメをリアルタイムで見ていた人は、今は中年層。彼らが会社帰りにわざわざスーパーに立ち寄ってザクとうふを買う光景があちこちで見られ、それもまた話題になりました。

「われ、ザク、発見セリ」

「ここでも、発見しました」
「このスーパーでは完売。ほかを探します！」

そんなトークがSNSでやり取りされ、中年オヤジが盛り上がる光景。意外ですが、なんだか微笑ましくもあります。彼らにとっては、子どもの頃に買い集めたガンプラ（ガンダムの登場人物をかたどったプラモデル）と同じ感覚なのでしょう。

数百円の豆腐が、「意外性」によって価格以上の価値を生み出した好事例です。まさに、PRとアイデアが生み出したプライスレスと言ってもいい効果ではないでしょうか。

普段、スーパーに立ち寄ることすらしない中年男性の心をわしづかみにし、スーパーに足を運ぶという行動を起こさせる。PRの仕事をしたことがある方であれば、それがいかにすごいことか、おわかりになると思います。

ザクとうふに興味がない女性たちも、豆腐に夢中になる夫を見て、「豆腐ひとつで、夫の心をとりこにするなんてすごい」「ついでに、食材の買い物も頼めるようになった」など二次効果もあったりして、相模屋食料の名前を頭にインプットしたことでしょう。

さらに、愛用機のザク（豆腐）を、お皿に盛り付けて写真を投稿するマニアな夫妻も続出。この写真は、「はじめに」で紹介したローストビーフ丼同様、見た目のおもしろさで一気に拡散しました。ザクとうふを見ただけでガンダムをイメージする中年世代は、写真を目にした瞬間、「オレも！」と思うはずです。

こうした広がりを経て、当然ながら旧来のメディアにも数多く紹介され、一気にスターダムへとのし上がったのです。

消費者を見る・聞く・知る

「え?」と驚く「意外性」は、商品やサービスについて既に知り尽くしている社内の人間にとって、特に見つけにくいものです。ですから、広い意味での競合他社・競合商品との比較が必要なのは当然のことですが、消費者のほうがはるかに上手に見つけてくれる可能性が高いことも知っておきたいところです。

消費者の力を借りる方法として、新商品や新サービスを提供する場合などに、モニター調査やアンケート調査を行い、その結果から「え?　消費者は、この新商品のこんなところが気になるのか」とこれまでに自分たちになかった視点を探してください。

その「え？」という部分、「へぇ」と感心したところこそ、「意外性」としてＰＲできる可能性を秘めています。

あるいは、まずは知人や取引先に聞いてみてもいいでしょう。自社の商品について話してみて、相手がどこに反応するのか確認してみましょう。

ただし、予算的にアンケートをおこなうのが難しいこともあります。その場合、たとえばこんな方法で消費者の立場に立ってみることができます。

先ほど登場したザクとうふの開発者は、相模屋食料の鳥越社長です。

鳥越さんは実はザクとうふ以外にも、数多くのヒット商品を生み出しています。彼は、アンケートやリサーチだけに頼らず、消費者が何に「意外性」を感じるか、驚くかを自分で感じ取ろうという努力をされているそうです。

デザートのように豆腐を食べるという発想で女性向けに開発し、大ヒットした商品「モッツァレラのようなナチュラルとうふ」は、女性誌を片っ端から読み漁り、表参道など女性の集まる場所に積極的に出かけ、歩いて自分の五感を使う。これを徹底しておこなったそうです。結果、ターゲットである女性が感じる「意外性」に結びつく商品が生まれたのです。

もっとも「当時は女性たちからかなり怪しまれ、きつい視線をぶつけられました」とある講演で語っていましたが……。

「意外性」は徹底した現場主義から生まれる、ということがわかる逸話です。

「8×3」の「8」

4

人間性

質問

開発や販売などに深くかかわる人や経営者のエピソード及びストーリーはありますか？

「人間性」とは、商品やサービスに携わった人の思いや苦労などを指します。

通常、「人間性」とは人間の心理的な性質を表す意味合いで使いますが、「8×3の法則」で使う「人間性」はそれとは異なり、商品やサービスの開発などに携わった人の持つ「物語」をアピールするという意味で使っています。その商品にどんな思い入れがあるのか、どんな紆余曲折を経て開発されたのかといったストーリーです。

これは、商品そのもののPRからはやや離れますが、社員などが登場する熱い「誕生秘話」は消費者の共感や感動を呼び、結果として、そのストーリーとくっついた形で商品やサービスが一気に広まる起爆剤になることがあるのです。

「2 優位性」の項で、高級オーダーメイドスーツなどを扱う銀座テーラーが、若手の職人育成のため日本テーラー技術学院を設立した話をしました（84ページ参照）。

この話には続きがあります。「職人を育てる」というと、一人前になるまでに相当の時間がかかるだろうというのが一般的なイメージだと思いますが、「一人前になるには少なくとも10年かかるのだから、学校で10年生まで学んでもらいます」などと言っていては、年々変化のスピードが増す現在において、時代の流れから遅れをとってしまいます。そうこうしているうちに、会社を支える職人が不足してきてしまうでしょう。

だから銀座テーラーでは、現役の熟練職人が、入学早々の若者にも、すぐに針の使い方を練習させ、ズボン、チョッキ、上着、タキシード、モーニングのつくり方を教えていきます。そして3年間でスーツの縫製が一通りできるように育て上げます。

教えているのは、現役の60~70代のベテラン職人。教えるという経験がない人ばかりで、最初は戸惑っていたそうです。中には、生徒が思うように伸びず苦悩をおぼえたり、自分は教育には向かないと感じていた人もいたことでしょう。そうした日々を乗り越え、3年間できちんとしたものをつくれる若者が育ったのです。

また、スーツづくりができるようになった若手職人には、伝統の技術を生かした洋服づくりを教えつつも、若い顧客層を意識した新しい商品開発を任せるなど、チャレンジできる機会をどんどん与えているそうです。

銀座テーラーのこの数行の話だけでも、十分に「人間性」としてアピールできる内容があることがわかりますか?

学校を設立した話、熟練の職人の話、若手職人の話、……。オーダーメイドスーツを軸にして、さまざまなストーリーを紡ぐことができるのです。

どんな商品やサービスにも人が関わっているわけですから、すべての企業が何かしらの「人間性」を見出せる。つまり、八つの中で最も洗い出しやすい要素なのです。

しかも、この「人間性」のストーリーは、ＰＲしたい商品やサービス、あるいは自社の「歴史」であり「事実」なので変わることがありません。

ですから私が企業からＰＲを依頼されたときは、八つのうち「人間性」については、できる限りヒアリングしてピックアップしています。それが突出するものであればＰＲのメーンに置き、そうでなくてもストックしておいて、ネタがなくなったときの〝奥の手〟として使うこともあります。

最強は「Ｖ字回復ストーリー」

人間性の中で、特にＰＲ上効果につながりやすいのは、「商品やサービスにまつわる企業のV字回復ストーリー」です。個人でも「苦労から這い上がって第一線で活躍する物語」は同じ効果があります。

一度どん底を見たけれど、起死回生した。

テレビ番組で言えば、「情熱大陸」（TBS）や「ガイアの夜明け」（テレビ東京）、「プロフェッショナル」（NHK）、少し古いですが「プロジェクトX」（NHK）などに出てくるようなストーリーです。これら番組が支持されているのは、経営者や商品開発者などの「人間性」にスポットをあてているからです。

私たちは、「感動したい」「共感したい」という思いをどこかで抱いています。V字回復ストーリーは、それを最も揺さぶるのです。

2008年頃ベストセラーになり、その後、映画化された『奇跡のリンゴ――「絶対不可能」を覆した農家・木村秋則の記録』（石川拓治著、NHK「プロフェッショナル仕事の流儀」制作班監修、幻冬舎、2008年）もそうです。

この本の主人公であるリンゴ農家の木村秋則さんは、農薬散布を重ねるうちに体を蝕まれてしまった妻のために、無農薬のリンゴ栽培に挑戦します。しかし、なかなかうまくいかず、リンゴが1個も取れないまま、気がつけば10年。借金がかさんで自殺まで考えましたが、死に場所に選んだ山の中で、あるヒントを得て、ようやく無農薬リンゴ――奇跡のリンゴをたくさん実らせることができたのです。

「今まで、リンゴの葉の部分しか見ていなかった。根の部分、見えない部分にこそ答えがあった」というくだりは、まるで人生論のように読む者の心を引きつけます。

こうして、かいつまんでお話しするだけでも、どん底からのV字回復ストーリーは、人の心を揺さぶるポイントがたくさんあります。これが「人間性」です。

ちなみに、ここ最近の「V字回復ストーリー」には、たとえばこんなものがありました。いずれも、ネットニュースの見出しを抜粋したものです。

・しまむら、V字回復の理由は「値上げ」にあった

（東洋経済オンライン）

・新日本プロレスがV字回復した「3つの理由」

（同）

・38億円の赤字だった無印良品がV字回復した時にやったこと

日産自動車のＶ字回復もそうです。

これほどまでに人々の記憶に刻まれ、今もなお支持されている理由は、カルロス・ゴーン氏の巧みな広報戦略、ブランディングが劇的な効果を生み、人々が魅了されたからです。

日産に限らず、驚異的な成功を収めている企業はどこもそうです。

辞めさせられた後、ふたたびアップル社長に復活したスティーブ・ジョブズ氏。

創業間もなく、売り上げがないのにマンションの一室で食事を切り詰めて事業企画だけを考えたソフトバンクグループの孫正義社長。

地方の小さな一店舗から這い上がったジャパネットたかたの高田明前社長。

誰もが知っている企業も、どん底の時期があった。「紆余曲折を経てのブレイク」は、やはり、多くの人の興味を引き、共感を呼ぶのです。

ここで挙げた企業は超のつくほどの大企業ばかりですが、考え方は中小企業も同じです。

有名無名にかかわらず、これまでのＶ字回復ストーリーは活用する価値があります。

「人間性」で信頼を高める

もう一つ、「人間性」の活用方法としては、企業の社長や商品開発者などのインタビューを自社のウェブサイトやメディアなどで発信することが挙げられます。その商品やサービスに対する「信頼」を高める効果があるからです。

「1　新規性」「3　意外性」のところでも紹介した鹿屋アスリート食堂を運営するバルニバービの佐藤裕久社長は、自身もスポーツが大好きです。皇居ランなどもするランナーでもあります。「社長自身がランナー」というのは、ジョギング好きな人にとって親近感が湧きますし、「スポーツマンだからアスリート食堂なのだ」「ランナーが何を求めているか知っているからサービス内容に説得力がある」と食堂に対する信頼感にも直結します。

そんな佐藤社長がランナーたちと一緒に走り、汗を流す姿をSNS上で見かけると、それだけで、アスリート食堂が本当にランナーのことを考えてつくられた場所であると実感できます。これは、共感に結びつき、私たちの感情を揺さぶってくれるはずなのです。

5 社会性

質問

世の中の流行やトレンドに
重ね合わせることで、
人々の興味や関心を
喚起できることはありますか？
「社会ごと」に変えられる
キーワードがありますか？

「社会ごと」とは、私がつくった言葉です。「自分に関係すること」というような意味で最近よく使われるようになった「自分ごと」という言葉にヒントを得ました。つまり社会全体（またはその一部）が関心を持つこと、関係すること、という意味で使っています。

さて本来、社会性とは、集団をつくって生活するという人間の基本的な傾向のことを意味しますが、ここで言う**「社会性」とは、今、社会やメディアが求めているもの。ブームになり得る商品やサービスとして打ち出せるかどうかを考えること**です。

社会で話題になっているモノ・コト・テーマと、自社の商品やサービスをうまくリンクさせてＰＲできるならば、大きなムーブメントを起こせる可能性があります。

たとえば、ニューヨークで火がついたパンケーキブーム。日本でも２０１０年頃から大ブームになっています。

「ホットケーキ」として親しまれてきた日本のおやつですが、いまや海外から来た「パンケーキ」が主流です。

オーストラリア・シドニー発のbills（ビルズ）、ハワイで誕生したEggs'n Things（エッグスン シングス）など世界の人気店が日本に続々オープンしました。どの店もお客さんが何時間も行列をする状況が続き、既存のカフェなどでもパンケーキをメニューに加えるお店が増えました。

あるときから、世界的なパンケーキ店がこぞって日本に進出する。これは、まぎれもなく「社会性」の一つです。

同じようなタイプのお店が立て続けにオープンしたら、その機を逃してはいけません。それは、「なんだか、来ている」「なんだか、来そうだ」という〝売れそうなムード〟のサイン。

ブームをゼロからつくるのは相当な費用と労力を要しますが、社会の流れとしてあるテーマに関心が向いてきているときは、その要素をうまく取り入れることができれば、流れに乗るチャンスが生まれます。こんなとき、勝機を逃してはいけません。どうＰＲに活かすかを貪欲に考えるべきです。

「船来」パンケーキがめずらしくなくなった13年に日本第1号店をオープンした、ニューヨークでナンバーワンと言われるパンケーキ「クリントン ストリート ベイキング カンパニー 東京」では、いまだに（２０１６年12月）開店前からたくさんのお客さんが並んでいます。

このように、「まだブームは続いている」という社会の状況の見極めも大切です。ブームが終わりに向かっているときに、時期を見誤ると大きな失敗をしてしまいます。

ちなみに、このクリントン・ストリート・ベイキング・カンパニーは、「社会性」を意識してのオープンではありますが、日本のブームの中では後発部隊です。だからこそ、「8×3」の八つのうち複数のPR要素を引っ提げて日本に上陸しています。

たとえば、「ニューヨークマガジン」でナンバーワンのブレックファーストスポットに選ばれたというお墨付きがあります（「1　新規性」）。

また、サクサクともちもちが共存する食感のパンケーキにメイプルシロップと相性のよいメイプルバターを添えた、ほかとは違う味わい、焼き色をしっかりつけた食欲をそる見た目（いずれも「2　優位性」）でSNSでの拡散も期待できます。

私は、このお店がリニューアルオープンする際のPRを請け負ったのですが、他のパンケーキとは違う、この「優位性」をダイレクトに伝えるために、メディア向けの試食会を企画しました。

試食会のコンセプトは「ニューヨークセレブ仕込みの、ブランチスタイルが味わえる」。実際にニューヨークでは人気ハリウッドスターがお忍びで通うお店だからです。

そうしたところ、数々のネットメディアで取り上げられ、それが無数のネットニュースやSNSで拡散されました。その効果で、「東京に来たら必ず訪れたいスイーツ店」として、地方からもとても多くのお客さんが訪れるようになりました。

試食会によって、メディアの共感を得られ、さらにメディアの人たちの「体験」を反映した記事が多くの消費者の共感を得たのです。

これは、ある意味、「パンケーキブームは続いているものの、以前より沈静化した今の社会では、これまでと違った新しいパンケーキを求めている」という「社会性」を見出して成功させた、とも言えるでしょう。

「社会やメディアの欲求」に即反応できるか

パンケーキと同じようなケースといえば、かき氷もそうです。

２０１４年、六本木にオープンしたかき氷専門店「yelo」、翌年、日本に初上陸した台湾発のかき氷専門店「ICE MONSTER」などがブームの火つけ役となり、飲食店でもかき氷をメニューに出すお店が増え、さまざまなメディアがそのブームを取り上げました。

でも、今のかき氷はこれまでのものとは全然違います。

ICE MONSTERは、一つ1000円近くする高級かき氷。味も、マンゴーやコーヒー、タピオカミルク、杏仁豆腐など、それまでの日本にはなかった味でバラエティに富んでいます。こちらの氷は氷そのものにフレーバーの味がついています。素材の味を凝縮して独自の技術で凍らせることによって、不純物が少なく硬くて溶けにくい氷ができるとのこと。これまでのかき氷よりも細かく削れるので、見た目も綿菓子のようにふわふわ。スプーンですくうと、粉雪のようにハラハラと崩れます。

同店の人気商品、マンゴー味のトッピングは果肉たっぷりのマンゴーソースが、氷が隠れるほど乗っていて、見た目も鮮やか。映像でも映えますから、テレビなどのメディアでも引っ張りだこになりました。

こうした「今まで、日本にはなかった発想のかき氷」は、メディアに取り上げられる可能性が高いのです。

そうしてメディアに出始めた、この初期の段階で、自分も即、反応できるか。すぐさま自社の商品やサービスに絡めることができないか考えるのです。

たとえば、フレンチレストランであれば、フレンチとかき氷を組み合わせる。あるいは、あんみつの上からかき氷をどっさりトッピングする（「そうはいっても、あんみつでしょ?」と突っ込まれるのも立派な話題の創出です。「プロローグ」で述べたように、バズるには意見創出〈オピニオン〉が不可欠なのです)、など、いくらでもネタをかぶせることはできます。

今、何が来そうなのか。どんなふうに絡めそうか。そういうアンテナを日ごろから働かせたいものです。

実際、私は、この「かき氷ブーム」をイベントに活用しました。これについては「8 地域性」のところで後述します。

Instagramで一気にスターダムにのし上がれ!

昔は、社会やメディアが求めている空気を察知するには、テレビや新聞しか情報収集源はありませんでしたが、今は、インターネットがあります。SNSなどソーシャルメディアで個人が発信している情報から「社会性」の片鱗(へんりん)が見えてくることは多いのです。

事実、パンケーキブームしかり、かき氷ブームしかり、「今、まさに売れている空気」

という「社会性」を感じるのに、ＳＮＳの存在は大きかったのです。
特に、食べ物の場合、写真メインでアップできるInstagramでは、情報が一気に拡散される可能性が期待できます。

Instagramでは、「ハッシュタグ」と呼ばれる機能があり、「#」記号を使ってたとえば「#パンケーキ」という文言を付けて写真を投稿すると、ユーザーが「パンケーキ」と検索したときに、「#パンケーキ」を付けて投稿された写真が一覧になって表示されます。

人気のあるパンケーキのお店を探している人は、「#パンケーキ」の画面一覧にずらりと並ぶ写真を見て、写真投稿数が多いお店に出かけ、さらに自分も写真を撮ってアップします。ハッシュタグにお店の名前が使われることもあります。こういう形で、次々とパンケーキの写真がアップされ、そのお店や商品の知名度が一気に高まるのです。

特に、若い女性は、Facebookよりも Instagramを活用する傾向にあります。

中でも、10代の女性にそれは顕著です。

10代、20代の若者にモバイルアプリを使ってリサーチを行っているテスティーの調査によると、10代の女性のＳＮＳ普及率は約９割、そのうちFacebookを使っている人は２割以下ですが、Instagramは５割に上ります（２０１６年10月調査）。１年前の調査では３

割程度だったのが、1年で5割と増加傾向を示しています。

なので、写真が映えるような商品・サービスを扱う企業で、女子高生や女子大生など流行に敏感な層にアピールしたいなら、Instagramの活用価値は高いと言えるでしょう。

たとえば、２０１６年の秋、たびたびメディアで報道されたのが、ＳＮＳの投稿が発端となり、突然、これまで特に見向きもされていなかった場所が観光地化しているという現象です。

そのうちの一つ、千葉県君津市の「亀岩の洞窟」は、洞窟の中に差し込む陽（ひ）の光が幻想的で美しいのですが、これまではことさら注目されていた場所ではありませんでした。しかし、Instagramなどでその景色が投稿されるようになり、「まるでジブリの世界だ」とたちまち人気の観光スポットになったのです。

君津市は新たに１００台以上車が停（と）められる駐車場の造成を検討中だそうで、うれしい悲鳴です。これは亀岩の洞窟に限った現象ではなく、各地で発生しているようです。ゴミやマナーの問題など、突然の観光地化に戸惑う自治体もあるといいますが、ＳＮＳの威力がわかる事例です。

こういう現象が起きると、社会やメディアは、それに関する情報をさらに求めるようになります。こうして、いつしか〝売れている感〟が醸成され、ムーブメントにまで高まるのです。

ヒット商品やサービスの多くは、この「社会性」の要素をうまく活用しているということがおわかりいただけたかと思います。

社会の動きに〝聞き耳〟を立てることを怠らないようにしてください。

「8×3」の「8」

6

貢献的意義

質問

その商品やサービスについて、社会や世の中の問題解決に役立つことはありませんか？

「貢献的意義」とは、私たちが生活しているこの社会において、PRする商品やサービスを自社がつくる、売る、おこなう意義を考えることです。それはおのずと、会社の理念やビジョンを考えることにつながります。

なぜ、当社がやる必要があるのか？
なぜ、当社でなければならないのか？

そこをPRで前面に打ち出していきます。

PRは、その商品やサービスを買いたい、知りたい、行きたいなどという気持ちを喚起させなければいけません。PRは、言い方を変えれば「人を動かす」ものです。

その商品やサービスの背景にある、「社会をより良くしたいという会社のこんな理念が（社長にこういった信念があって）、この新商品に結実した」という物語を知ることは、単に商品についての情報だけを受け取るより、消費者の心を動かすことができます。

前述の「V字回復ストーリー」と似ているようですが、違うところは、企業や経営者の思いや考え方に、消費者が共感、賛同する、支持する、という感情が起きることです。場合によっては、自分自身が消費することで、自分も社会を良くする活動に参加しているような気分になる、ということもあるでしょう。

社会に存在する課題に対して、企業としての思いや情熱が詰まっている商品やサービスであれば、言うまでもなく、そこは積極的にアピールすべきです。

1997年に世界初のハイブリッド車としてデビューした、トヨタ自動車のプリウスはまさに「貢献的意義」を語れる代表的な商品です。

プリウスは、環境性能を上げるなど、地球環境を良くすることを使命としてつくられています。また、社会環境にも配慮しています。すなわち、事故のない世界をいかにつくれるかを考え、安全なクルマを目指すことを目標に掲げています。

このプリウスの根底にある考え方は、トヨタの企業理念の一つ、「クリーンで安全な商品の提供を使命とし、あらゆる企業活動を通じて、住みよい地球と豊かな社会づくりに取り組む」に沿ったものです。

企業理念に企業としての社会的意義が明示されていて、それに基づいた商品づくりをしていることをＰＲすると、買い手は安心感や信頼感をおぼえます。

商品・サービスが「貢献的意義」と結ばれることで、企業が「存在する意

味」「生きる目的」としての壮大な物語としてPRすることができるからです。

また、「貢献的意義」が明確に示された商品やサービスというものは、購入に躊躇（ちゅうちょ）している場合においては、気持ちを購入する方向に動かすもっともらしい理由になるのです。

予想を覆したノンアルコールビールの大ヒット

アルコール0・00％という新市場を創出した、キリンビールのノンアルコール・ビールテイスト飲料「キリンフリー」。

当時、ノンアルコールは売れないというのがビール業界の常識でした。

従来ノンアルコールと呼んでいた商品には微量のアルコール分が含まれていて（法律上はアルコール度数1％未満であれば酒類ではなく清涼飲料に分類される）、道路交通法改正があってからは、消費者から「本当に飲んで運転しても大丈夫か？」という問い合わせが増加し、心配だから飲まない、という選択をするドライバーが増えていたのです。

そこで、まったくアルコールを含まない商品をつくろうと考えたのがキリンビールでした。

商品コンセプトの「飲酒運転の根絶に寄与、社会に貢献する商品」は、事前調査でも消費者から支持を得たそうです。さらに、たとえアルコール分がゼロであっても、飲んだ後に何らかの心理的な影響があってはいけないということで、運転シミュレーションを使って安全性の試験も念入りにおこなったといいます。

その上、発売後は、飲酒運転防止活動を支援するという社会貢献運動を実施するという徹底ぶりでした。

そういった企業の姿勢が評価され、売り上げは1年で、発売当初の販売予測の6倍に達し、ノンアルコールビールの8割のシェアを占めるまでになったそうです。

なぜ、今、自分たちはノンアルコールビールをつくるのか。

それをつくって社会にどんな貢献ができるか。

商品開発の段階から大事にしてきた「貢献的意義」の要素が、多くの人にとって他人事ではないテーマであることも手伝って、消費者にストレートに伝わったのです。

このように、自社の商品・サービスが何らかの形で人の生活や人生そのものをよりよくするお手伝いができないか、困っている人たちの手助けにならないか、社会問題を解決する一助になれないか、考えてみてください。

商品やサービスを最初につくったとき、もしそういう意図がなかったとしても、実は貢献できる可能性が隠れている場合があります。これが見つけられたら、自社の利益につながるだけでなく、社会的な利益につながる可能性があるのです。

人や社会のためになり、売上にもつながり、さらに企業イメージも高められる。一石二鳥ならぬ〝一石三鳥〟です。

7 季節性

質問

季節との関連性がある、
または制定されている記念日や
日にちの語呂などに掛けられるテーマは
ありますか？

「季節性」は、季節のイベントや一年のうちで、その時期特有のトレンドに合わせて、商品やサービスを絡めて展開できないか考えていくことです。

たとえば、フェアトレード（生産者と企業がフェアな取引をして、正当な値段でモノを売り買いすること）のTシャツを販売している会社があるとします。

新商品として発売した当初は、「8」のうち「2 優位性」や「4 人間性」でプッシュできても、次第にフェアトレード製品の競合が激しくなってくるなどして〝次の一手〟となるPR方法を考えなければならなくなります。

そんなときに、この「季節性」を考えてみましょう。たとえば、クリスマス、バレンタイン、母の日などの記念日と絡めて売ったらどうか。バレンタインにはTシャツとチョコレート、母の日にはTシャツと花をセットにしよう、せっかくだからチョコレートも花もフェアトレード製品にして、より多くの人にフェアトレードについて興味を持ってもらえるようなメッセージを発信しようなどといった戦略を練ることができます。

季節や記念日という要素を投入することで、同じ商品を新たな角度からアピールするにはどうすればいいか対策を練ることができるのです。

そう考えると、季節性は、「8」の中でも、基本的には〝サブ〟として考えてよい要素とも言えます。「1 新規性」「3 意外性」などを使ってPRをしてきたものの、だんだんPRの威力が衰えてきた。そんなときに、この「季節性」との関連性を見出すことで、ふたたび商品やサービスが脚光を浴びることができるのです。

たとえば、雑誌の特集記事を例にすると、11月や年度末の3月ごろには手帳特集、厚手の衣類を手放す季節が近づく2月や、半袖を着る季節が近づいた6月ごろはダイエット特集、5月病の季節になるとメンタルヘルス系の企画など、その季節のトレンドがあります。

また、もっと大胆な方法としては、記念日や記念行事を新しくつくってしまうというやり方もあります。

江崎グリコは平成11（1999）年から11月11日を「ポッキー&プリッツの日」と定めて、日本記念日協会の認定を受けています。スティック菓子の代表的存在であるポッキーとプリッツが、数字の「1」に似ていることで誕生したこの記念日には、CMキャラクターを務める三代目J Soul Brothers from EXILE TRIBUTE（ジェイ ソウル ブラザーズ フロム エグザイル トリビュート）のメンバーを絡めたダンスコンテストをおこなったり、大阪の通天閣に長さ5メートルの巨大ポッキーの吹き流しを設置するなど、毎年大々的なキャンペーンを張っています。それが毎年の行事としてメディアに取材されるなどして、大きなPR効果を生んでいます。

最初はスルーされた布団クリーナー

２０１３年10月に発売された「レイコップ」という布団クリーナーをご存じですか。

この掃除機は、私の会社でＰＲのお手伝いをしたのですが、依頼をいただいた当初から販売業者のレイコップ・ジャパンには、優秀なマーケティングチームがありました。また、商品の開発者である社長も世の中の役に立ちたいという熱い思いを持たれていました。しかし、商品に絶対の自信があるものの、なぜか思うように売れないという悩みを抱えていたのです。

その理由は、今、振り返れば明白です。

当時は、「布団をきれいにする」手段としては、日干しか布団乾燥機しか思いつかなかったからです。日本には布団にクリーナーをかけるという文化がなかったのです。

布団専用クリーナーの存在は知っていても、必要性を感じていない人が圧倒的多数でした。文化として根付いていない製品を理解してもらうのは至難の業です。こういう場合は、かなりレベルの高いＰＲ戦略が求められます。

八つの要素を考えてみると「1　新規性」という最強のカードでアピールしつつ、「2　優位性」や「3　意外性」という視点でプッシュすることになりますが、消費者は布団掃除への問題意識や活用シーンのイメージを持っていない人がほどんどなので、なかなか響きません。

これだけ画期的な発想の商品であるにもかかわらず、「布団をきれいにしよう」という方向性で訴えても、消費者の反応は鈍く、マーケティングチームは悶々としていました。

どのように訴求すれば、掃除機のように「1家に1台必要」だと感じてもらえるのか？

そうして行き詰まったときに、「季節性」で名案が浮かんだのです。

当時、ＰＭ２・５による大気汚染が連日報道され、西日本の各所で基準値以上の数値が観測されて、「布団や洗濯物をできるだけ外に干さないように」といった注意喚起もされていました。そのため健康の影響を心配する人がたくさんいました。

環境省の大気汚染物質広域監視システム「そらまめ君」によると、冬から春にかけては、日本国内でＰＭ２・５の濃度が高めになる季節なのです。

さらにこの時期は大量の花粉の飛散も重なってきます。

この「季節性」に着目し、単に「布団をきれいにしよう」ではなく、「布団を外に干さずに、清潔に保つ方法あります」という方向でＰＲをしてみたところ、途端に熱い視線が集まったのです。さらに、「ＰＭ２・５から子どもたちを守りたい」という親の率直な思いもＰＲの中に入れ込んでいきました。これを、私たちの会社では「文脈でＰＲする」（コンテクストＰＲ）と呼んでいます。ターゲットの心に響く文脈をつくり、それを繰り返しＰＲやリリースで伝えていくのです。

すると、すぐに日本経済新聞や日経ＭＪが取り上げ、追ってテレビ番組でも紹介されるなど、情報の連鎖が始まりました。

ＰＭ２・５の特集が組まれたときに、「ＰＭ２・５で布団が干せなくて困っている人、必見！」と家庭のお役立ちグッズとしてレイコップが紹介される機会が増えました。

「季節のトレンド」「その季節ならではの問題・悩み」などを注意深く探して、自社の商品・サービスと絡めてＰＲすることができれば、タイムリーなテーマとしてメディアにも歓迎されるのです。

このレイコップの例は、社会が関心を持っているという意味で、やや「5 社会性」とも重なる部分があります。

短い期間でも着実に売る

「季節性」をウリにして商品やサービスをPRするときは、それが〝短期間限定〟で有効だということを念頭に置いておきましょう。

つねに世間の動向やニュースなどにアンテナを張り、流行の潮時に敏感であるべきです。レイコップの場合、社内に優秀なマーケターがいたこともありますが、私が1年を通じてPRを担当できたので、「季節性」を強く意識しながら仕掛けていくことができました。たとえばこんなふうに同じ商品でも季節ごとに打ち出し方を変えることができます。

◆師走・大掃除のシーズン

「アレルギーの家庭保有率は50％以上。今年の大掃除は、布団をきれいにしよう」

◆春先・花粉のシーズン

「花粉でお悩みの方必見！　花粉除去率99％以上」

　また、これは私たちの仕掛けたＰＲではありませんが、新機種発売の記者会見のゲストとして、タレントの藤本美貴（ふじもとみき）さんを起用しました。

　当時、藤本さんは第２子を妊娠中でした。会場では、レイコップを使って布団を掃除するデモンストレーションに加え、子どもを持つお母さんの視点で感じたことを話してもらったのです。この様子がテレビのワイドショーなどで報道され、世の中の「お母さん」たちに、「レイコップなら、アレルギーや花粉、ＰＭ２・５からお布団を守れる。子どもが安心して寝られる」という認識を浸透させることができました。

　これら「季節性」をプッシュしたＰＲの結果、Amazonやジャパネットたかたでの販売数が20倍に増加し、レイコップの通販サイトの売り上げもアップしたのです。ヤフトピには５回も掲載され、同時に新聞やテレビにもたびたび登場し、ついに２０１３年には、「日経トレンディーが選ぶヒット商品」というタイトルまで獲得しました。

　どんな商品やサービスも同じ切り口でＰＲしていると飽きられてしまいます。長く着実に売っていきたい場合は、季節や時流に合わせて提案していくことが求められます。

8

地域性

質問

その地域限定やエリアならではの特徴はありませんか？

「地域性」とは、その名の通り、商品やサービスを「地域」に焦点を当ててPRできないか考えることです。

ご当地名産品など、明らかに「地域性」を前面に出せるモノはもちろんですが、どんな商品やサービスも、アイデア次第で「地域性」を打ち出すことは可能です。

2015年の夏、日本最大級のショッピングモール「イオンレイクタウン」（埼玉県越谷市）で開催されたかき氷のイベントは、この「地域性」を考える上で大きなヒントになると思います。私は企画そのものには携わっていませんが、PRやメディアアプローチの支援をさせていただきました。

「5 社会性」の項でも紹介した通り（113ページ参照）、14年ごろから、台湾発のかき氷専門店「ICE MONSTER」をはじめ、天然氷を使ったかき氷店に行列ができるなど、空前のかき氷ブームになっています。

イオンレイクタウンでは、子どもがたくさん訪れる夏のイベントで、子どもが大好きな「かき氷」のお店を目玉の一つにしようと考えていました。

ここまでであれば、「5 社会性」や「7 季節性」に該当しますが、どのかき氷のお店に出店を依頼するか考えていくうちに、「地域性」にたどりついたのです。

イベントでかき氷を目玉に据えようと考えた場合に、たとえば次のような展開が考えられます。

（1）ICE MONSTERなど、かき氷の有名店、ブランド店を集める
（2）天然氷だけを使うなど、素材にこだわったかき氷店を揃える
（3）日本一高さのあるかき氷にチャレンジする

（1）であれば「2 優位性」や「7 季節性」を、（2）であれば「2 優位性」や「3 意外性」、（3）なら「1 新規性」を前面に打ち出してPRすることができ、どれも悪くないという印象です。

でも、夏休み中の親子連れや、祖父母も一緒に家族で訪れる、あるいは比較的若いカップルがデートで訪れるというイベントの性質を考えたときに、（1）や（2）のように「有名店」や素材の「こだわり」という切り口で出店してもらう、あるいは（3）のように出し物をみんなで見学するのではなく、「もっと気軽にみんなで参加できて、いろいろな味を食べ比べながら、かき氷をネタに話が弾む」というようなイベントにしたほうが、

世代や性別関係なくみんなが参加できるのではないかという結論に至りました。

そこで「食べ比べるとしたら、どんな切り口で集められたかき氷がいいか」という視点でアイデアを煮詰めていくと、さまざまな地域のかき氷、という案が浮かんだのです。つまり、とことん「地域性」に着目した「ご当地かき氷」です。

そして、函館三大牛乳の一つを使ったミルクたっぷりの「ミルクde雪氷」（北海道）や、日光の天然氷を使ったかき氷（栃木県）、変わったところでは、おでんとかき氷を同時に食べる風習のある静岡県から、おでん&かき氷のセット、アメリカのアラスカ州からはアラスカの流氷を使った1日100食限定のかき氷など、実にバラエティに富んだ「ご当地かき氷」が揃いました。

「地域性」を打ち出したイベントは、「ご当地焼きそば」や「ご当地ラーメン」など食べ物のほか、世界の珍しい植物、世界中の仮面など、実にさまざまなイベントが開催されています。このことからも、商品やサービスの「地域性」に着目した情報に消費者は関心が高いということがわかります。

テレビが好む「絵的」な賑わい

このような地域性に着目したバラエティゆたかなイベントは、テレビ番組に取材される可能性が高くなるというメリットもあります。

テレビは、絵づくりが勝負です。

ラーメンでもかき氷でも、一つの商品だけでは、3分、5分といった尺の特集枠は絵的にもちません。

それが先のイオンレイクタウンのかき氷イベントのように、さまざまな地域のユニークなかき氷がずらりと並ぶと絵的な賑わいが出ます。

これは私が放送作家時代によく使ったテクニックですが、イベント会場で親子連れなどにどの商品が一番好きかインタビューすると、それだけで数分のミニコーナーが成立します。

それが、ご当地かき氷といったわかりやすい切り口なら、なおさら視聴者に伝えやすいのです。たとえば番組内で、かき氷をランキング形式で紹介したり、ご当地ライバル店対決といった構成の仕方もできるからです。

このように、「地域性」はテレビに好まれる要素なのです。

実際に、テレビ局やスポーツ紙をはじめ、多くのメディアが取材に訪れ、ユニークなかき氷のビジュアルを含めて報道してくれたことで、東京都内からもたくさんの人々が訪れ、1週間で5万人を超える大盛況のイベントとなりました。

さて、ここまで、「8×3の法則」の「8」それぞれについてお伝えしてきました。
質問項目を改めてまとめるとこうなります。

1　新規性

そのサービスや商品にはナンバーワン、オンリーワンだと言える何かがありますか？
それは、世界中や日本中、業界内で初めての試みですか？

2　優位性

競合や既存のサービスと比べて、明らかに違っていたり、優れている（優位性がある）ことはなんですか？

3　意外性

知人や顧客に話したら、「へぇ」と感心される、「ホントに!?」と驚かれた、「まさか！　信じられない！　冗談でしょ？」と笑われたことはありませんか？

4　人間性

開発や販売などに深く関わる人や経営者のエピソード及びストーリーはありますか？

5　社会性

世の中の流行やトレンドに重ね合わせることで、人々の興味や関心を喚起できることはありますか？

「社会ごと」に変えられるキーワードがありますか？

6　貢献的意義

その商品やサービスについて社会や世の中の問題解決に役立つことはありませんか？

7　季節性

季節との関連性がある、または制定されている記念日や日にちの語呂などに掛けられるテーマはありませんか？

8　地域性

その地域限定やエリアならではの特徴はありませんか？

この八つについて書き出し、自社の商品やサービスがどこに該当するのか、いくつ該当するのか検討していきます。

これまで述べてきたことを参考に、キーワードを洗い出すなどしてじっくり考えてみてください。この八つを精査したら、続いて「8×3」のうちの「3」と照らし合わせていきます。

「8×3」の「3」

さて、最後の「8×3」の「3」は、「8」で洗い出した、企業側の視点で見た商品やサービスの強みを、消費者視点に置き換えてみても変わらず強みと言えるのかどうかを確認・検証するためのものです。

ここまでつくり上げてきた情報を、社会、人（ターゲット）、メディアの視点を意識しながら、いかに世の中を動かすトレンドやムーブメントとして受

け入れられるようにしていくかという視点で、商品やサービスのＰＲポイントを確認できるのです。

八つの切り口で言語化した情報を、今度は三つのポイントで丁寧に磨いていくような感覚です。

その方法とは、具体的に次の三つです。

一つは、社会が求めている情報か、二つ目はターゲットとなる人に本当にアピールできる情報か、そして、三つ目はメディアが取り上げたくなるような情報か。この三つの角度で見直してみるのです。自分が売り手側であることから離れて、その三者の立場に頭を切り替えてみてください。

第1章で紹介した、ジャポニカ学習帳の例で考えてみましょう。

このノートが45周年であることをＰＲしようとしたとき、「８×３」に当てはめるとどうなるでしょうか。

まず、「８」では、約半世紀もの間、昆虫や花の写真を表紙に大きく使ったという「２ 優位性」、実は既に昆虫が表紙の写真の販売は中止してしまったという「３ 意外性」などが当てはまります。発売して45年が経ち、不動の定番商品となった今でも、社員たちが悩んだり工夫したりしながら消費者のためにリニューアルを続けているというストーリーは「4　人間性」の部分でもアピールできます。

では、これらの要素を「3」つの視点で確認していきます。

1 社会の視点

昆虫の写真を表紙にあしらったノートの販売を中止してしまったという事実は、「え？」と驚く「3　意外性」に当てはまります。なぜなら、私がPRに携った当初は多くの人に知られていなかったからです。

誰もが知っているジャポニカ学習帳の表紙から「昆虫が消えた」という事実は、多くの人が確実に驚き、「なんで昆虫が消えたの？」と知りたがります。多くの人が求める情報は、ひいては社会が求める情報とも言えるでしょう。

2 人（ターゲット）の視点

続いて、ターゲットとなる人に本当にアピールできる情報かを考えます。ジャポニカ学習帳の場合、誰もが子ども時代に愛用していた商品ですから、老若男女、幅広い層が対象です。彼らにとっては、ジャポニカ学習帳の「2 優位性」も「3 意外性」も「4 人間性」も、どこを切り取っても興味のある情報として受け入れられる可能性が高いと言えます。

3 メディアの視点

ジャポニカ学習帳の場合、「昆虫の写真が表紙から消えた」という「3 意外性」だけでも、新聞やテレビなど各種メディアが取り上げたくなる可能性は大いにあります。

メディアに取り上げられるかどうか、その決め手になるのは、「今、話題になっている」「ブレイク前夜」といった、〝旬〟の要素があるかどうか。

その意味で「5 社会性」や「7 季節性」に該当する商品やサービスは、「なぜ今、話題になっているのか」という視点でアピールできるので、メディアの視点で考えたときに非常に有効です。

ジャポニカ学習帳のように、**三つの視点すべてにおいて、企業側の視点と消費者側の視点にズレがなければ、その情報は極めて「求められている情報」、つまり「バズる」要素を持った情報**だと言えるのです。

社会が求めている情報か、ターゲット層が欲しがる情報か、メディアが思わず取り上げたくなるような情報か。「8」の要素に、この「3」を掛け合わせたら、何をどのような形でプッシュすべきか、そのポイントがくっきりと見えてきます。

ただ、もちろん全ての情報がこの三つの視点を満たすとは限りません。強制的に視野を外に向けるための、最後のチェックポイントだと考えてください。

では、「8×3の法則」を使って、実際にどのようにＰＲをおこなっていくのか。ＰＲ活動の基本中の基本にして、すべてのＰＲの土台になるプレスリリースに、どのように落とし込んでいくのか。

その考え方について次章で詳しく見ていきましょう。

第3章

決戦前夜！ 仕掛け方を考えよう

どう仕掛けるのか

さて、「8×3」の法則で導き出されたキーワードを使って、自社の商品やサービスを広めるにはどうすればいいのでしょうか。

PR会社に依頼する場合も、社内で自力でPRを行う場合も、もはや、本書の読者のみなさんには言うまでもないことですが、**まずはプレスリリースを作成し、テレビ局、新聞社や出版社、ネットニュース各社にメールかファクス、あるいは郵送で知らせるのが基本**です。

「なんだ、そんなことか」「プレスリリースが重要だなんて古い考えでしょ」と思った人もいるでしょう。

私もPRの相談をされたときに、プレスリリースの話をすると、「もっと効率いい方法はないの?」とよく言われます。そういうとき、私はこう質問します。

「ならば、あなたは実際にプレスリリースを送っていますか？」
「それも、誰もが人に言いたくなるような、魅力的な情報に変えて」

声を大にして言いたいのですが、リリースを作成して、送付する。たったこれだけのことなのに、実は、やっていない企業の経営者、広報PR担当者はものすごく多いのです。

「どうせ、リリースを送ってもその他大勢に埋もれて見てもらえないだろう」と思うのか、「もしかしたら、送ったリリースが目に留まるかもしれない。ダメモトでもなんでもいいから、とにかく送ってみよう」と思うのか。

この差は、天と地ほどあります。なぜなら、

プレスリリースを送らなければ、メディアに紹介されることはないから。

当たり前ですよね。「どうせ、見てもらえないから」と送らなければ、紹介される確率は0％。ゼロです。よほど魅力的なことであれば、メディア側がどこかで知った情報を基

に、取材依頼をしてくるかもしれませんが、そんな確率はほとんどゼロに近いと考えてください。

送っても捨てられてしまう。

ある意味、それは事実です。

毎日、メディア各社には、プレスリリースが大量に送られてきます。私が放送作家をしていた時代でもテレビなどでは、1日に1番組で100枚以上のリリースが届くこともあるのです。

でも、その中でも目に留まるものは留まるのです。つまり、「もしかしたら見てもらえるかもしれない」と送った時点でメディアの人が読んでくれる確率は1%以上にはなる。

「うちはプレスリリースは送っているけれど、全然成果が出ないよ」と言う会社もあります。でも、その場合もよくよく聞くと、送り先はせいぜい10社程度で、それで「反応がない」「全然うまくいかない」とぼやいているのです。

厳しいようですが、はっきり言います。

PRしたい、ヒットさせたい、ブームをつくりたい。

そう考えている企業経営者やマーケティング担当者は、セミナーに参加したり、書店で

ＰＲに関する本を買って勉強したり、それぐらいの努力は誰しもがしています。

10媒体、20媒体で反応があるほど甘くない。でも、１００媒体送れば、可能性は高まる。

新しい案件についてＰＲ活動を始める時、まず最初はとにかく量で攻めるのが鉄則です。テレビでも、新聞でも、ネットニュースでも、とにかく、まずは一つでも多くの媒体の目に留めてもらう。これが、第一歩です。

とはいえ、３００、５００ものメディアに送る必要はありません。多いに越したことはありませんが、マンパワーの問題もありますし、それはＰＲ専門会社に任せる場合や、広報スタッフが大勢いる超大手の上場企業など、実行が難なく可能な場合はやってみてもいいでしょうが、そこまで無理をする必要はありません。

私は長年の経験から、〝ある特定〟の厳選したメディアに送れば十分に効果が得られるとわかっているからです。

ほとんどの場合、この厳選メディアに働きかけて、動かすことができれば、人も、世の中も連鎖的に動きます。その数はズバリ100媒体。私がいつも使っているこの100媒体のリストを巻末に載せていますので、まずはぜひ、この100媒体に地道に送ってみてください。

リリースの質については、本書を読んでいるあなたなら大丈夫です。

なぜなら、既に前章までに、「8×3の法則」でキーワードを洗い出し、メディア受けする情報を創出できているからです。それをうまく活用したプレスリリースなら、メディアや人の目にも十分留まる可能性があります。

プレスリリースってどんなもの？

改めて、プレスリリースがどんなものか。それを説明するために、私が手がけた事例を使って説明していきます。

東京・池袋にある真言宗豊山派の「金剛院」が、2014年に境内にカフェ「なゆた」を併設しました。そのオープンをお知らせするために各社に流したプレスリリースの冒頭

（図版6）をまずは見てください。

プレスリリースの中で、勝負どころは冒頭の見出しにあたる3、4行の部分。図版6で囲みになっている箇所です。

送られた側は、毎日数えきれないほど送られてくるプレスリリースに、いちいち丁寧に目を通していられません。だから、冒頭数行でいかに惹きつけることができるかが勝負になります。

ここでモノを言うのが、「8×3の法則」です。

前章で「8×3の法則」のうち、「8」で自社の商品やサービスの強みになるキーワードを洗い出し、それが消費

［図版❻］　金剛院のプレスリリース冒頭部分

PRESS RELEASE

報道関係者各位

2014年 5月15日
真言宗豊山派金剛院

～池袋のお寺に、本格バリスタ・カフェがオープン？！～
お坊さんと一緒にコーヒーが楽しめる！
人々の「ご縁」を結ぶ コミュニティスペース
赤門テラス「なゆた」 2014年5月24日（土）グランドオープン

東京都豊島区の真言宗豊山派金剛院（野々部利弘住職／西武池袋線椎名町駅北口徒歩1分）は、さまざまな方々が「ご縁」を結ぶコミュニティスペースとして、本格コーヒーが楽しめる「カフェ寺ス」をオープンします。

者視点になっているか「3」に照らし合わせていきました（141ページ参照）。

池袋の金剛院を「8×3」の「8」に当てはめると、「2 優位性」「3 意外性」「5 社会性」「8 地域性」などが当てはまります。

お寺の中にカフェがある。それ自体はそこまで目新しいわけではありませんが、業務委託形式で飲食業界が参入しているコンセプトカフェが多い中、金剛院は「お寺直営のカフェ」です。ときにはお坊さんがコーヒーを淹(い)れることもあり、気軽に人生相談もできそうです。そこが「2 優位性」や「3 意外性」として大きなアピールポイントになります。

また、仏教、お寺、お坊さんはここ数年、さまざまな形でメディアに取り上げられ、僧侶の書いた本がベストセラーになったり、仏像や仏具に「萌(も)える」現象が起きたりと、女性やビジネスパーソンらの関心が急速に広まっています。つまり、「5 社会性」の側面も持っています。

さらに、住職の野々部利弘(ののべりこう)さんは近所づきあいや家族間のコミュニケーションが減っている昨今、お寺のカフェを利用して、地域の人たち同士、お客さん同士がリラックスしながら交流できる場になってほしいという想いも抱いていました。こうした想いは「6 貢献的意義」の性質を持っています。

これらを加味した上で、プレスリリース冒頭のキャッチコピーに落とし込んでいくのですが、アピールできるキーワードからなる文章を羅列すると以下のようになります。

- ・お寺の境内にカフェをつくった
- ・お寺直営のカフェなので、住職がコーヒーを淹れたり、人生相談もできそう
- ・地域の人同士でコミュニケーションを深めてほしいという目的がある
- ・２０１４年5月24日（土）にオープン

これを、「8×3」のうち「3」、すなわち、消費者視点に立って考えてみます。するとと、一番知りたい、興味がある項目はどれかと考えると、「お寺の境内にカフェをつくった」ということでしょう。

この情報が、受け手に最も響く言い方を考えていきます。

このとき、少なくとも「２０１４年5月24日（土）にオープン」という情報は、真っ先に飛びつくような項目ではありません。むしろ、最低限必要な情報として、リリースのど

こかに当然載っているはずだと、誰もがわかっていることですから、冒頭に書いて、わざわざ勢いこんで知らせてくれなくてもいいのに、という内容です。

いつオープンする、いつ発売する、コーヒー一杯の価格はいくらである。

この「商品・サービスについて知らせるための最低限の情報」で見出しのキャッチコピーのほとんどを占めているプレスリリースは相当数ありますが、そういうリリースは素通りされてしまいます。本当にもったいない話です。

プレスリリースは、その商品やサービスについてまったく知らない人に向けて、いかに興味を持たせるかが勝負です。

その視点で、どのキーワードを前面に出すべきか考えていきましょう。

すると、池袋にある金剛寺の場合、「お寺にカフェができて、運が良ければお坊さんが人生相談にも乗ってくれるかもしれない」という「2 優位性」の部分や、「地域のコミュニケーションを深める目的の寺カフェ」という「5 社会性」を伝えることなどがアピールポイントになります。

そこでできたキャッチコピーが次の2行です。

「お坊さんと一緒にコーヒーが楽しめる！」

「人々のご縁を結ぶコミュニティスペース」

この2行を特に強調することが、読んだ人が最も興味を示してくれるだろうと考え、目立つようにしました。

キャッチコピーの「三方良し」

とはいえ、いざ自分でつくってみようとすると、「8×3」からすんなりキャッチコピーに落とし込めないという人は少なくないでしょう。

ここは日々の訓練と慣れによるところも大きいことは否めません。どんなに優秀なコピーライターでも、突然うまくなったわけではないのです。ただ、本書は先に紹介した銀座テーラーの学校と同様、実践的な技術を凝縮してお伝えする本です。

そこでご紹介したいのが、できあがったキャッチコピーが目を引くものであるかどうかを客観的に判断できる方法です。

それは、**「登場感があるか」「なぜ今なのか」「メッセージ性があるか」という三つの視点で自分がつくったキャッチコピーを見直していく方法**です。

1 登場感があるか

「ついに、登場しました！」という印象がキャッチコピーに表れているとインパクトに直結します。見た人が「待ってました！」「すごい！　こういうのが欲しかったの！」と思わず言いたくなるような表現です。

この商品やサービスは、どうも存在感が違う、何か気になる、つい話題にしたくなる。そうした登場感を、メディアや消費者が最初に目にするタイミングでいかに演出できるかが、ＰＲではキモになってきます。

ただし、演出といっても、事実ではない情報を意図的に加えたり、消費者を間違った方向に誘導することではありませんので、そこは注意してください。

2013年4月1日にリリースされた、はなまるうどんの「まるごとダイオウイカ天」。これは、同年1月に放映され16・8%という高視聴率で話題になった「NHKスペシャル世界初撮影！　深海の超巨大イカ」を受けての同社のエイプリルフール企画です。つまり、事実ではないのですが、このときの同社ウェブサイトの冒頭キャッチコピーは、このようなものでした。

栄養満点！　タウリン500万mg！
健康になりたいあなたに朗報！
ダイオウイカ天新登場！
㊥87000円

（「はなまるうどん」ウェブサイトより）

このコピーをダイオウイカの天ぷら（実際は別の種類のイカのはずです）の写真と、サイズ感を伝えるために、うどんをよそった丼を手にした人物とともにウェブサイトのトップページに置いたのです。

4月1日、日が変わると同時にこの商品紹介サイトをオープン、当日の同社サイトへのアクセス数は通常の24倍になったそうです。

これは、実は同社が毎春おこなっている来店促進キャンペーンです。本当に訴求したいことは「健康保険割引」など企業として消費者の健康促進に積極的に取り組んでいるということだったそうです。それゆえ、ダイオウイカというトレンドに乗っかりつつ、「タウリン500万㎎！」と栄養ドリンクのような男性陣の心に刺さるコピーや「栄養満点」「健康になりたいあなたに」というワードを入れています。

この事例は、禁断のウソの演出をエイプリルフールを使って笑いと強力なPRに変えた試みでした。消費者は、「ついにダイオウイカを捕獲して天ぷらにしちゃったのか！」「待ってました、ダイオウイカ、食べてみたかった！」。さらには「はなまるうどん、ついにやってくれたね、この大ぼら吹き！」とさまざまな登場感を感じたことでしょう。

これはとても極端な例ですが、登場感とはどういうものかがわかっていただけたのではないでしょうか。

訴求したいことが一目で感じ取れる登場感を使ったキャッチコピーもいいのですが、このように、「いったい、何事?」「どんな商品なんだ?」と思わせるような登場感は、プレスリリース全体を読んでもらうことにもつながり、とても効果的です。

このはなまるうどんの例では、健康促進への取り組みを伝えたいという本来の目的は、ダイオウイカ天の発売告知だけでは直接的には達成されませんが、ダイオウイカ天に興味を持った消費者がウェブサイトを読むことで、企業側が本当に伝えたいことが伝わる仕掛けになっているのです。

登場感を強調すると、今、話題になっている、これからブームが来そうという〝キタ感〟がつくられるので、「私も買わなきゃ」「一度は体験してみたい！」という消費者の気持ちを喚起させやすいと言えます。

2　なぜ、今なのか

どんなメディアも、「旬な情報」をイチ早くキャッチしてニュースにしたいと考えています。だからこそ、ＰＲする側は、「なぜ、今、この商品やサービスを世の中に出すのか」を明確にアピールすることが重要なのです。

たとえば先述の池袋にある金剛院の場合、「人々のご縁を結ぶコミュニティスペース」というキャッチコピーで打ち出しましたが、取材を受けた際に、より関心を持たれて記事化された内容は「近年深刻化する少子高齢化、単身時代にあって、独居高齢者が増え、親子や世代間のコミュニケーションが不足し、ご近所づきあいも減少する中で起こるさまざまな地域問題を解決したい」というところでした。

つまり、「単にカフェをつくったのではない。今の時代だからこそ、コミュニケーションが不足し、孤立感を高めている人が増えているからこそ、必要なカフェなのだ」という点が共感を呼んだのです。

特にメディアは「まさに、今！」という旬の情報を取材したいと望んでいます。

中でも、その傾向が顕著なのがテレビです。

テレビは視聴率がすべてですから、視聴者に少しでも飽きられれば番組の途中であってもすぐにチャンネルを替えられてしまいます。

ですから、テレビ番組の構成会議では、毎週、自分たちの番組と同じ時間帯に放映されているすべての他局の番組の視聴率表が配られます。１分単位での視聴率グラフまで共有されます。

つまり、一つの番組の中で、それぞれディレクターや放送作家が担当したコーナーや特集が、どのぐらいの視聴率を稼いだのか、というよりもむしろどれだけ足を引っ張ったのかが毎回チェックされるのです（私も会議のたびに、いつも胃をキリキリさせていました）。

だから、できる限り視聴者を離したくない。そのため、春なら花粉、夏ならダイエット、秋なら紅葉など、なるべく誰もが知りたい今が旬の情報を集めて伝えたがるのです。

「なぜ今か？」を考える上では、今、旬になっているテーマに絡めるのも有効です。一例を挙げれば、少子化問題、女性の社会進出、ＡＩ（人工知能）、ドローン（無人航空機）、家庭用ロボットなど。

２０２０年は東京オリンピックですから、それとＡＩを絡めてみる。ある新型ロボットのＰＲの際に、「２０２０年は東京オリンピック！　約５０００万人も増加すると予想される外国人観光客の通訳として、カンタンな英会話もできちゃう新型ロボット登場」としてみるだけで、単なるロボットのＰＲよりも、「今だからこそ、このロボットが必要なんだ」という印象を与えることができるのです。

これが、テレビというメディアのツボを押さえて、そこからうまく広めるコツです。

3　メッセージ性があるか

メッセージ性とは、よりメディア、特に一般の人々のＳＮＳ（ソーシャル・ネットワーキング・サービス）にアピールするため、世の中に訴えたいこと、伝えたい背景などを明確にすることです。

たとえば、猫の島を知っていますか。

日本には、野良猫がたくさんいるエリアがいくつもあります。

特に有名なのが、瀬戸内海に浮かぶ青島です。島民15人に対し、猫１００匹と言われるほど、猫だらけの島。

これが、外国人の間でＳＮＳを通じて瞬く間に広がり、外国人観光客にとって一度は訪れたい世界の島の一つに挙がるほどになったのです。

島は過疎化が進んでいます。猫がたくさんいることをアピールすると、同時に、猫たちと共存している島民の想(おも)いも伝えることにもなります。こうしたメッセージ性がさらに人々の共感を生み、SNS上に広がっていくのです。

ほかにも、こんな例があります。

2016年に読売テレビの清水健(しみずけん)アナウンサー(2017年1月末に退社予定)が『112日間のママ』(小学館)という本を出版しました。清水さんは、結婚から1年9カ月後に、奥様を29歳という若さで乳がんで亡くされました。この本は妻との出会いから闘病の日々をつづった手記で、彼女の死後に見つかった日記などをもとに構成されています。出版社がこの本を発売した際に添えた言葉は、「清水アナが伝えたい思いを本に」「結婚生活は1年9か月。〝ママ〟でいられたのはたった112日間でした」といったものでした。ここには強いメッセージ性が込められていると思います。

妻を亡くすのは非常につらい出来事ですが、この言葉には生きる希望が潜んでいます。がん検診の大切さを広めたい思いもあるでしょう。そういったメッセージを多くの人が汲(く)み取ったからこそ、たくさんの人が本を手に取り、広まっていくのだと思います。

なぜ、その商品・サービスを届けたいのか、その商品・サービスを通じて何を届けたいのかという、背後にあるメッセージを、短いキャッチコピーから読み取ってもらえるように、そして心を揺さぶるものになるように、考えてください。

以上が、プレスリリースを強くする、シンプルなキャッチコピーのつくり方です。必ずしもこれら三つの視点すべてを網羅する必要はありませんが、いずれかの視点から強調したキャッチコピーは、受け取る側に強い印象を残し、人を動かすきっかけとなるはずです。

うまくいかなければ、やり直せばいいだけ

プレスリリースを送ってみたものの思うような反応が得られないと、「ダメだった」とそこで諦めてしまう人も少なくないのですが、一度うまくいかなかったからといって落ち込む必要はまったくありません。

何度も言いますが、**ＰＲは少ない費用でトライできる分、いくらでもやり直し**

がきくのです。一度投げた球が失敗だと感じたら、「8×3の法則」にもう一度立ち返って、新たな視点でアピールできないか考えればいいだけです。

先に紹介した東京・池袋にある金剛院は、最初に私がPRの依頼をいただいた2013年当時、まだカフェはありませんでした。

その頃から住職は、地域住民の憩いの場を提供したいと望んでいたものの、私がヒアリングして、かろうじてPRできそうだと思ったのは、お寺で毎年開催している夏祭りと正月三が日におこなわれる普段は見られない秘仏「三面大黒天」のご開帳のみでした。

それをもとに作成したリリースの見出し部分はこれです。

〈夏〉

年代を超えて地域の「人と人」が結びつく
『金剛院赤門夜市』を開催致します!
2013年7月28日(日)午後3時～午後9時まで。

〈冬〉

真言宗豊山派金剛院（東京都豊島区）秘仏「三面大黒天」ご開帳
年に3日間だけの一般拝観
ご開帳日…1月1日、2日、3日

夏の「金剛院赤門夜市」にしても、冬の「三面大黒天」にしても、「8×3」のうち「8　地域性」を前面に出してプレスリリースを作成しました。

この後、カフェ「赤門テラスなゆた」を立ち上げることになったため、その後のPRは「お寺にカフェができた」という出来事を前面に出すことになるわけですが、やはり、今振り返っても、「お寺×カフェ」の情報に比べたら、どうしてもインパクトには欠けています。

それでも、「地域性」に絞り込んでPRを続け、タウン誌などを中心にPRした結果、

「レッツエンジョイ東京」や「一個人」、ヤフトピなどに掲載されるなど、一定の成果を上げることができました。

一見、インパクトが弱めだと思われるものであっても、「8×3」に当てはめて、最も強みになりそうなところを強調するように情報を加工すれば、メディアが取り上げてくれる可能性はあるのです。そうした活動がメディアの信頼につながり、大きなPRの成果につながったことは言うまでもありません。

「畳み掛けPR」で欲張れ！

金剛院は、その後、カフェに特化したPRに転向します。157ページでも述べた通り、「お坊さんと一緒にコーヒーが楽しめる！」「人々のご縁を結ぶコミュニティスペース」というキャッチコピーでニュースリリースを作成したところ、たくさんのネットのニュースや週刊誌「AERA（アエラ）」で取り上げられました。

中でも、「近年深刻化する少子高齢化、単身時代にあるべきお寺の姿を考えてカフェをつくった」という「5 社会性」につながる部分は、「東京新聞」の「心にふれる話」というコーナーで、「ご縁を結ぶこの一杯」として紹介されるなど、予想以上の反響がありました。

また、FM西東京とのコラボレーションにより、カフェ内から発信するラジオの新番組「なゆたラジオ」放送も実現しました。カフェで定期的に公開収録もおこない、住職自身も登場して、カフェへの想(おも)いを発信することができたのです。

ここまでの展開だけでもPRとしては成功と言えますが、着実に注目度が伸びていく様子を見ながら、もうひと押しすれば、さらなるブレイクスルーが期待できる、と確信しました。私たちはこれを**「畳み掛けPR」**と呼んでいます。

そして考えたのが、外国人にも人気のお寺だということをPRに盛り込む試みでした。「観光地として有名とは言えない、日本人の日常生活と近いところにある地域に根ざしたお寺なのに、なぜか来日客が押し寄せている」となれば、「なぜだろう?」と感じるものです。実際に、池袋という都心でアクセスしやすいからか、オープンしたカフェには外国人観光客がひっきりなしに訪れていました。

当時、既に、「外国人」「来日客」「インバウンド消費」というキーワードをテレビや新聞で目にする機会が多かったのです。さらに、２０２０年に東京オリンピックの開催が決定すると、一層海外の観光客についてのニュースが絶えなくなりました。

オリンピックが開催されれば、当然のことながら、さらに多くの外国人が日本にやってきます。

外国人の多くは、日本のお寺に強い興味を持っています。

同じ頃、日本の若い女性たちが明治神宮や東京大神宮など都内のパワースポットを訪れているニュースもたびたび目にしていました。

「なぜ、今なのか」を明確にして、こうした世の中の動きやブームにうまく合わせると、ＰＲもうまくいく可能性が高まります。

今回の例では、たとえばこんなふうにＰＲできます。

東京に誕生した　外国人に紹介したい新・パワースポット

「東京」「外国人」「パワースポット」というキーワードを入れることで、これまでよりもさらに金剛院のカフェが「旬なスポット」だということをメディアに対して演出できます。

実際、これらをプッシュしてPRしたところが大きな反響を呼び、「日本経済新聞」「女性自身」、テレビではTBSの「あさチャン」、テレビ朝日「グッド！モーニング」などで立て続けに紹介され、金剛院の名は一気に知られるところとなりました。

同じお寺のカフェを宣伝しているのに、視点を変えて情報を加工し直すだけでイメージががらりと変わることがわかると思います。

あるいは、少し装飾をつけて、こんなふうに紹介してもいいかもしれません。

京都にまで行かなくてもＯＫ！
今すぐ外国人に紹介したい、東京の新パワースポットカフェ

外国人というキーワードを使うことによって、来日外国人のお客さんが増える可能性も高まり、その盛り上がりをコンテンツとすることで、メディアやSNSにさらなる情報を提供できます。

あなたがこれからPRしようとしている商品・サービスも、最初から思うような反響がなかったとしても大丈夫です。強みとなるキーワードは明確なわけですから、そのうちのどれをプッシュするか、あるいは組み合わせるかを考え、情報をブラッシュアップしましょう。そうして再トライすれば、バズるチャンスはまだまだあるのです。

どんなメディアにどう訴える？

新聞、テレビ、ラジオ、雑誌、ネットの各ニュース。一気に情報が広まるとき、次ページの図版7ような流れでPRが広がっていくケースがほとんどです。

◆ネットの各ニュース（一次メディア）に、プレスリリースで流した情報が載る。

↓

◆新聞などが掲載する

◆引き続き、ネットの各ニュースへの掲載が増える。

◆Instagram（インスタグラム）、Facebook（フェイスブック）、Twitter（ツイッター）などのSNSでも、ネットのニュースが引用されたり、一般の人々が商品やサービスそのものを紹介し始める

↓

◆テレビで放映される

◆さらに、ネットニュース、SNSなどで拡散される

◆ブームやトレンドとして定着する

ネットのニュースサイトで紹介され、同時にSNSでも拡散が始まり、新聞や雑誌なども動き出す。こんな流れができてくればいい兆候です。たいていの場合、テレビ

［図版 7 ］　各種メディアへの広がり方

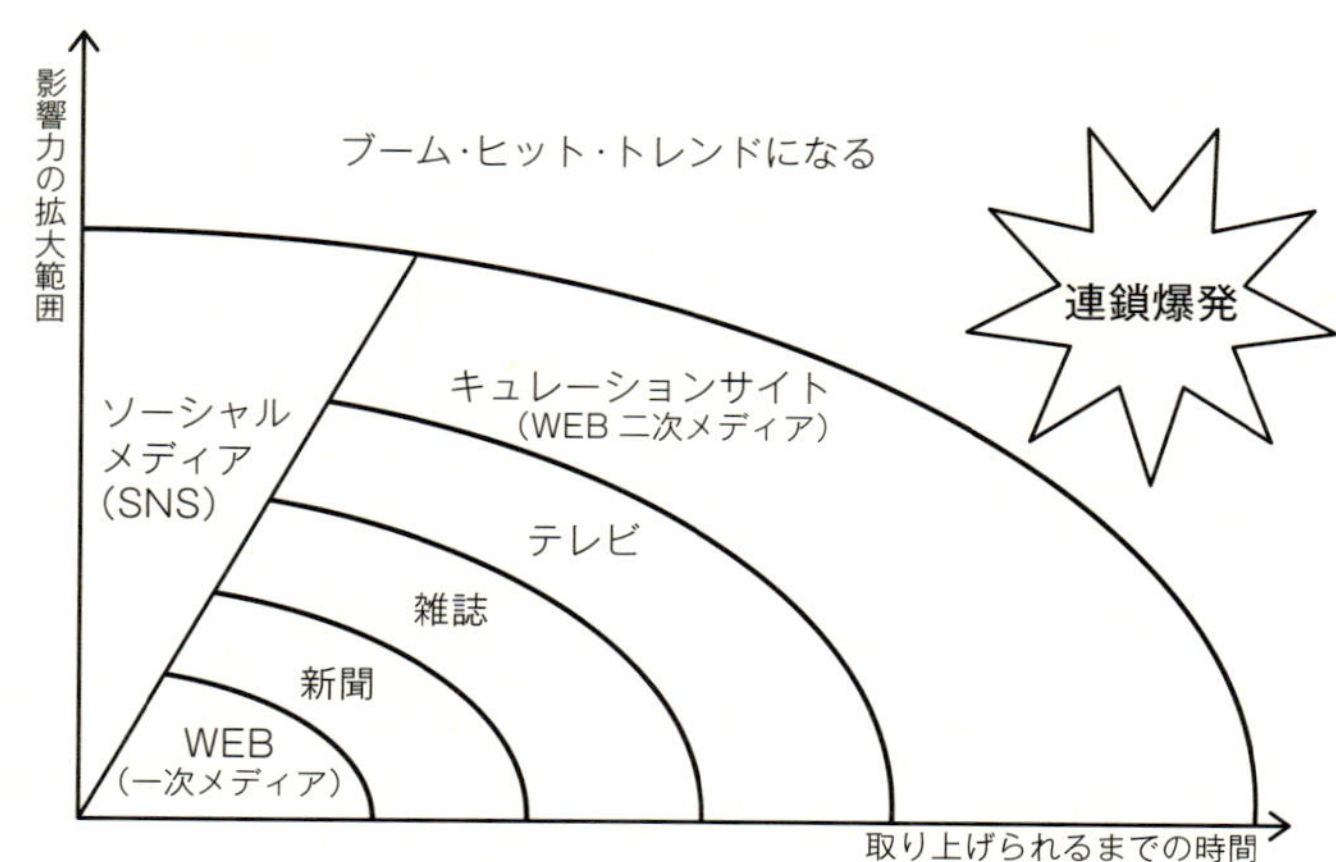

で紹介されるとしても順番としては後のほうです。ほかの媒体で紹介された後、〝タイミング〟が合えば紹介されるということがほとんどなのです。これについては、後ほどご説明します。

ここでは、それぞれの特徴やポイントについて解説していきましょう。

◆ネットニュース

プレスリリースを配信し、その情報を最初に目に留めて動いてくれるのは、ネットのニュースサイトです。情報提供の速さからすると、新聞やテレビよりもはるかにスピーディーで、プレスリリースを送った当日に掲載されることもあります。たとえば、誰か著名人が記者会見を開いた場合に、会見終了直後にはさまざまなニュースサイトで一気に取り上げられるほどリアルタイムを重視しているのがわかります。

露出を高めることがＰＲの最初の重要課題ですから、その意味では、まずは数多くのネットニュースが取り上げてくれたら第一関門突破です。

ネットニュースに取り上げられると、テレビ関係者の目にも留まりやすくなります。テレビ局のディレクターや制作会社の担当者などは、番組で取り上げるネタがないか、ネットで検索して情報収集することが多いからです。私が放送作家のころは新聞や情報誌からネタを探していましたが、今はそれがネット検索に変わっているのです。

その意味でも、ネットやSNSでの情報拡散を目指すのは必須のことなのです。

「ネットニュース」はいくつかの種類に分けることできます。

＊一次情報

一つは、「マイナビニュース」や「BIGLOBE(ビッグローブ)ニュース」をはじめ、送ったニュースリリースをもとに、編集して記事にしてくれるサイトです。そのサイトを運営する会社の編集者や外部委託している記者などが記事を編集するため、記事の最後に担当者の署名が記されている場合もあります。

これらは、一次情報になるネットニュースです。

＊キュレーションサイト

そして、この一次情報の膨大なニュースの中から、特におもしろいニュースをピックアップして紹介しているウェブサイトが、たとえば「YAHOO! JAPAN」です。「YAHOO! JAPAN」は、ゼロから記事を制作しているわけではなく、数あるニュースサイトからピックアップした選りすぐりの記事を紹介する、「キュレーションサイト」と呼ばれるサイトなのです。

言わずもがな「YAHOO! JAPAN」は日本最大級の閲覧数を誇るサイトですから、その影響力は、今や新聞やテレビよりも大きいとさえ言われます。

特に、ＰＲ業界で「YAHOO砲」と言われる、トップページの八つの見出しのニュース記事にピックアップされたら、瞬く間にＳＮＳで拡散されたり、口コミで一気に広まることも少なくありません。

「YAHOO! JAPAN」のほかにキュレーションサイトで有名なのは、「SmartNews」「グノシー」「Antenna」「LINE NEWS」などです。「YAHOO! JAPAN」はパソコンで閲覧する人が多いサイトですが、「SmartNews」「グノシー」「Antenna」などはスマートフォン（スマホ）から見る人が多く、中でも、「SmartNews」は、アプリの利用者数は断トツトップ（２０１６年９月現在で国内外合わせて１９００万ダウンロード）です。朝日新聞、読売新聞、日本経済新聞、毎日新聞の4紙の記事が閲覧できる唯一のアプリとしても人気があり、通勤途中の電車の中でアクセスして記事をナナメ読みする人が多いのではないかと思います。

女性に圧倒的に人気が高いのは、「グノシー」や「Antenna」です。中でも10代、20代の若い女性たちはスマートフォンで、ちょっとしたスキマ時間に情報を収集したり、トレンドを拾ったりしています。

さらに、気になる情報や気に入った記事があるとすぐさま自分のSNSを使って、周りの友人にシェアする。そのスピードがとても速いのも特徴です。ですから、特にこの世代の女性たちの間では短期間でどんどん広がっていく可能性が高いのです。

キュレーションサイトのいいところは、いったんどこかのキュレーションサイトに掲載されると、ほかのニュースサイトなどにも拡散される可能性が高まることです。

というのも、たとえば「@ニフティニュース」は、「R25」「アメーバニュース」「オズモール」など100以上のサイトと提携しているので、「オズモール」に掲載された情報は、「@ニフティニュース」にも自動的に転載される仕組みになっているのです。

そうなると、普段「オズモール」にアクセスしない人も、「@ニフティニュース」のニ

［図版 8 ］ WEBメディアにおける キュレーションサイトの情報連鎖

一次掲載メディア
朝日新聞デジタル、日刊スポーツ、マイナビニュース、みんなの経済新聞ネットワーク、ねとらぼ、RBB TODAY、CuRAZY など （巻末の「厳選バズるメディアリスト100」のWEBメディア参照）

キュレーションサイト／ポータルサイト（二次掲載メディア）
YAHOO! Japanニュース、gooニュース、Infoseekニュース、niftyニュース、産経ニュース、ネタりか、livedoorニュース、So-netニュース、Lineニュース、Antenna、Gunosy、SmartNews など

テレビ露出

ユースの一つとして、「オズモール」の記事を読むことがあり得るのです。

一人でも多くの人の目に触れる可能性を高めるのはＰＲの基本です。一つのネットニュースからほかのニュースへと連鎖的に転載されていけば、その分、多くの人に読んでもらえる。ネットは、ＰＲをする側にとって必要不可欠なありがたい存在です。実際、主要な10メディアで取り上げられたら、結果として５００メディアに出るぐらいの勢いをつくることができます。

＊まとめサイト

今、紹介した「YAHOO! JAPAN」をはじめとするキュレーションサイトの派生形として、あるキーワードや話題になった事柄をまとめて伝えてくれる、いわゆる「まとめサイト」もあります。

第2章で登場した、私の会社がＰＲを担当した「花のババロア」（93ページ参照）も、こんなふうにまとめサイトがつくられています。

まずは図版9をご覧ください。

［図版❾］　フラワーババロアの「まとめ」
（NAVERまとめ、2015年12月1日配信記事より）

女子力高っ！美しくて美味しい花のババロアが人気

お花がババロア専門店が東京駅にオープン。見た目のその可愛らしさには目を奪われる。でも、見た目だけじゃない！中身も女子力アップなスイーツだった。　更新日：2015年12月01日

なんとも美しいスイーツ店がオープン

“エディブル（edible）フラワーとも呼ばれる食用花がとてもキレイなババロアのお店が5/1東京駅地下の東京駅一番街にオープンしました。

出典 花のババロア havaro、日本初上陸！食べられる花の魅力とは

出典 retrip.jp

よもぎ@ヒトカゲ♀国際孵化 @yomogi_sea　フォローする

フラワーババロア美味そう(˘ω˘)

返信　リツイート　いいね　2015.05.04 22:47

たまぞー。 @tmtmmth69　フォローする

フラワーババロアすごい美しい。食べたい。

返信　リツイート　いいね　2015.05.06 05:09

このようにどんな商品か紹介した上で、その商品を実際に買った人、買いたい人のTwitter上のつぶやきなどをまとめて掲載しているのです。代表的なサイトは、Twitterのつぶやきをまとめる「Togetter（トゥギャッター）」や、検索サービス「NAVER（ネイバー）」が開始した「NAVERまとめ」などがあります。

自社の商品やサービスがこうして**まとめサイトに載るのは、「単なるニュース記事」よりも注目度が高い**ということになります。

ニュース記事になった後で、実際にその商品を買った人がたくさんいたことになり、それは、話題になりつつある空気が生まれているからにほかなりません。記事をまとめる側も、話題になりそうな情報ならば、どこよりも早く発信したいわけです。

ですから、**まとめサイトに掲載されたということは共感ＰＲの手応えありです。一気に広まる可能性が高まっている**と言えるのです。

最近はネット専門の配信サービスも増えています。メールやプレスリリースなどの電子文書を、クライアントの希望の宛先に一斉配信するサービスで、配信スタンドといいます。効率的に見えますが、そこから配信されたプレスリリースの多くはメディアに掲載されるよりも、プレスリリース専用のサテライトサイトに掲載されることが多いようです。

そのため、私たちPR会社は配信スタンドを使った掲載は数には入れずに報告します。つまり、成果としてカウントしていません。

また、過剰なネット配信によるリンクは、今後Googleなどのペナルティを受けやすくなるとも言われています。そうしたリスクがあることも十分念頭に置いて、質と量を考慮して使い分けてください。

SEOの強力な効果も

これまで述べてきたように、ネットの各ニュースサイトを通じて自社の商品やサービスのキーワードが含まれた記事が拡散されると、どのようなことが起きるのでしょうか。

まず、そのキーワードで検索したときに、検索結果の上位にそれらの記事がずらりと並びます。

花のババロアも、「花のババロア」とキーワードを入れて検索すると、「花のババロアhavaro（ハバロ）」のホームページはもちろんですが、それ以外にも、旅行キュレーションサイトをはじめ、さまざまなニュースサイトで紹介された記事が検索結果に表示されます。これだけでも、「あのニュースにも、このサイトにも掲載されてる商品なんだ」と〝賑ってる感〟を与えられ、話題になっている商品なのだということを印象づけられます。

また、Google（グーグル）などの検索エンジンにおける検索で、自社サイトを上位化するＳＥＯ（検索エンジン最適化）効果も期待できます。自社のウェブサイトを設計や技術、マーケティングなどさまざまな観点から改善することで、検索エンジンの検索結果でより多く表示され、アクセスを増やすことを狙うものです。アクセスが増えれば、当然検索結果の上位に出やすくなります。

花のババロアで言えば、多くのニュースサイトで紹介されれば、それだけ「花のババロア」というキーワードが入った自社サイトのページへのアクセスは増えます。それゆえ、ＳＥＯ効果が期待できるのです。

ちなみに私が経営している会社は「ＰＲ会社」というキーワードで検索すると、Google検索で第1位に来ます（２０１６年12月現在）。そのために、特に広告に費用をかけなくても毎日のように日本中から問い合わせがあります。これはネットを活用したＰＲの隠れた効果です。

さらに、こうしたネットニュースは、多くがすぐに削除されず後々まで残り続けるというメリットもあります。

花のババロアの場合は２０１５年の記事ですが、数年経っても検索すれば記事が残っていることは多々あり、それは自社の商品・サービスが以前に話題になったことを裏付ける証拠になります。そういう商品がいくつもあれば、企業の信頼にも結び付きます。

さて、ここまで「ネットニュース」について説明してきました。

どのニュースサイトにせよ、掲載されるのは自社の商品やサービスをバズらせるための第一歩。

何度も言いますが、まずは露出しなければ広まりようがありません。

昔は、その手段は新聞かテレビぐらいしかなく、紹介されるまでのハードルが高かったのですが、今はこうしてネットがあるので、どんな商品やサービスでも一気に拡散される可能性を秘めていると言えるのです。

◆新聞

ネットニュースで取り上げられた後、続いて動く可能性があるのは新聞社です。どのメディアも旬なネタを探していて、それは新聞社も例外ではありません。

記者は独自で情報収集するのはもちろんですし、膨大に届く新商品などのプレスリリースにも目を通すと同時に、情報公開の早いネットの各ニュースもチェックしています。そこで、おもしろそうだと思った記事については独自に丁寧に取材し直して掲載していることもよくあります。

第1章で紹介したジャポニカ学習帳の記事もそうです。この記事は企業側から各社にニュースリリースを流し、ネットニュースで取り上げられた直後に、産経新聞が新聞社で初めて取材してくれました。

新聞のいいところは、いざ取材して新聞記事になった後、そのまま産経新聞なら「SankeiBiz(サンケイビズ)」へ、朝日新聞や日本経済新聞ならそれぞれの電子版のサイトへそのまま転載される記事が多いことです。新聞で掲載されたものが同じ新聞のネットニュースにもなる。その分、目につくチャンスは高まります。

だから、プレスリリースは「数打てば当たる」に賭けて、なるべく多くのところにまずは送ってみましょう。

何度も言いますが、**送らなければ絶対に紹介されることはない**。これを肝に銘じてください。

特に新聞の優れた点は、権威性です。

「新聞に取り上げられた」というだけで、人々の捉え方が変わります。それはテレビ局関係者も同じです。新聞に取り上げられるまでは相手にしてくれなかったテレビ局のディレクターが、新聞に取り上げられたとたんに番組で紹介してくれたというケースはよくあることなのです。放送作家だった私が言うのだから間違いありません。

部署・担当者にピンポイントで送る

新聞は、読売新聞、朝日新聞、毎日新聞、日本経済新聞、産経新聞（以上、発行部数順）などの全国紙があり、これを五大新聞と呼んでいます。私たちＰＲ会社への依頼でも、テレビの次に出したいと求められるメディアです。

このほか、その地方だけで発行している地方紙があります。地方紙の中でも、中日新聞、北海道新聞、西日本新聞、中國新聞など都道府県をまたがって発行している、いわゆるブロック紙と、静岡新聞、神戸新聞、京都新聞などその府県内だけで発行している地方紙があります。

自社の商品やサービスが、「8×3」のうち「8 地域性」にも該当するキーワードがあるなら、ぜひ地方紙にもプレスリリースを送るなどしてPRしてみてください。「その地方ならではの情報」ですから、掲載される確率はかなり高くなるはずです。

また、ピンポイントにアタックする方法もあります。

全国紙、地方紙に限らず、新聞は、生活に役立つ情報を掲載する生活面や、イベントを紹介する文化面などが設けられています。「水曜日朝刊の生活面に○○コーナーがある」など、週によって、あるいは曜日によって連載しているコーナーもさまざまあります。

ですから、それぞれの新聞を詳しく見て、自社の**商品・サービスが「どこに紹介されると、より反響がありそうか、どのコーナーと親和性が高いか」アタリをつけて**ください。電子版でも構いません。

そして、アタリをつけたコーナーにピンポイントでプレスリリースを送ってみるのです。記者の署名があるコーナーであれば、文章の最後に名前が記されています。その場合はそのメディアの代表電話に電話して、その記者につないでもらい、リリースに目を通していただけたら、と連絡先を尋ねてみるのです。

自分の名前宛てにプレスリリースが届いたら、少なくとも部署宛てに届いたものよりは目を通そうという気持ちになるものです。

いきなり電話をするのは勇気が要るものです。連絡したタイミングが悪かったりして断られたり、冷たくあしらわれる場合もあるでしょう。しかし、メディアで取り上げられる確率を高めるためにもトライする価値はあります。

◆テレビ

テレビ番組で取り上げられるのは、どんな場合なのか。

そのポイントは三つあります。

1　信用と実績があるか

常に旬のネタを探している点ではテレビもほかのメディアと同じですが、**テレビの場合、「信用に足る」と保証された商品やサービスのみを取り上げたい**という気持ちが、ほかのメディアよりも強いと言えます。

テレビは司会者やパネラーのちょっとした失言が命取りになり、当人が降板になるだけでなく、番組全体が消滅する危機に立たされることもあります。紹介した商品・サービスに何か問題があった場合も命取りになります。ですからテレビは、ほかのメディアよりも、より慎重になっていると言えます。

ならば、どんな商品・サービスなら「信用に足る」と判断するのか。

テレビで取り上げられるには、次のことをクリアしないとなかなか難しいのが現状です。

既にほかのメディアで取り上げられているなど、〝実績〟があるか

テレビが安心して取り上げてくれるのは、このような場合です。

ネットのニュースに多く取り上げられていて、それをきっかけにＳＮＳでも多くのユーザーがその商品・サービスを実際に利用したりお薦めしていて、かつ新聞でも取材されている。そういう商品・サービスはテレビにとって理想的なものだと言えます。

２　旬な情報か

前述しましたが、メディアの中でもテレビは、より旬の情報を伝えたいと思っています。だからこそ、ＰＲする側は、「なぜ、今、この商品やサービスを世の中に出すのか」について明確にアピールする必要があります。

３　「絵づくり」がイメージできるか

テレビは、〝絵づくり〟が勝負です。

映像にしたときに視聴者にとって魅力のあるものにできるか。ある程度の時間、その尺を持たせられる要素があるか。

旬な商品やサービスで、ネットや新聞で話題になっていたとしても、絵づくりがイメージできなければ、取り上げられるのはかなり難しいでしょう。

その商品・サービスそのものが、わかりやすくてインパクトがあったり、視聴者が食いつきそうな多彩な情報があればいいのですが、そういうケースは少ないものです。

多くは、ある番組の特集企画を立てたとき、その特集の一つとしてあなたの商品・サービスを紹介し、一商品に使う時間はせいぜい数十秒程度です。だからこそ、ほかの情報と組み合わせられて、かつ、その特集の一部としてインパクトを持つ絵づくりがイメージできるような商品やサービスが重宝されます。つまり、合わせ技を狙った「お膳立て」ＰＲをするのです。

第２章で紹介したＰＲ布団専用クリーナーのレイコップは、たくさんのテレビ番組で取り上げられました。

レイコップは、年末の大掃除や春先の花粉対策と絡めて商品をＰＲしたからこそ、ディレクターが絵づくりしやすかったのです。年末の大掃除特集であれば、レイコップとほかのお掃除テクニックや掃除グッズを、春先の花粉特集であれば、花粉症予防が期待できる食べ物や医師の話、新デザインのマスクなどをレイコップと一緒に紹介できます。レイコップに絡めて関連する話題がたくさん想像できるから、お役立ちグッズの一つとして紹介されたのです。

これを、私たちは「抱き合わせ企画でテレビに売り込む」と表現しています。

実際、ニュース番組のコーナーなどは2、3点のトレンドやお店をセットで紹介することがほとんどです。

であれば最初から、たとえばアイデアキッチン用品をPRしたいのであれば、企画として成立しやすいようプレスリリースの中で今話題の人気キッチングッズを一緒に紹介しておくのも手です。こうすれば、ディレクターがわざわざ商品を探す手間を省けます。

もちろん、その場合は一緒に紹介する商品に負けないように、あなたの商品が、どれだけ「1　新規性」「2　優位性」「3　意外性」の点で優れているかを、しっかりとアピールしておく必要があります。

プレスリリースを送る際は、ほかのメディア同様、地方局も含めてできる限りたくさんのテレビ局に送るべきです。その内容が、たまたまテレビ局が考えている特集とぴったり合って紹介されたということも実際ありますから。

ただし、「なにがなんでもテレビで」と固執する必要もないというのが個人的な見解です。かつてほどの求心力もなくなり、ネットメディアもＳＮＳが普及している今、「テレビで紹介されないと売れない」時代ではないのです。むしろ新旧のメディアの連鎖を狙ってＰＲすることが効果的だと私は思っています。

確かに、テレビに出ることで爆発的にヒットすることはいまだにたくさんあります。でもそれは一時的な出来事。たとえるなら打ち上げ花火のようなものですから、一時期、派手に広まっても、落ち着くのも早いのです。露出が高まり一気にメジャー級になれる可能性はありますが、持続性が低いことは心得ておきましょう。

◆ＳＮＳ

Instagram、Facebook、Twitter

ＳＮＳの中でも、その動向をチェックしておきたいのは、この三つです。

＊Instagram

Instagramは、写真に特化したSNSです。

スマートフォン（スマホ）で撮影した写真をその場で加工してアップロードできます。

第2章でも紹介しましたが（117ページ参照）「＃」マークをつけてハッシュタグ機能を使って投稿できるのも特徴で、たとえば、おいしいAレストランを発見したら、レストランの写真の下に「＃Aレストラン」とレストラン名の頭に「＃」をつけてアップすれば、他のユーザーが「Aレストラン」をキーワードにして検索をしたとき、自分がアップした写真もその検索結果に並んで表示されます。Aレストランが好きな人、行ってみたいと思っている人の目に留まりやすくなります。

これを自社の商品やサービスに応用してみるとどうなるか。

たとえば、東京にある世界のクラフトビールを集めたお店なら、商品の写真などをアップするときに、「＃クラフトビール」「＃ベルギー」「＃ドイツ」「＃東京」など、クラフトビールに関して検索されそうなハッシュタグをいくつも入れて投稿してみるのです。こうすることで、クラフトビールに興味のある人の目に留まったり、その人たちが実際にお店に来てくれることもあります。

Instagramは、その性質上、食べ物がおいしそうに写った写真などとの親和性が高いです。第2章で例として挙げたパンケーキやかき氷もInstagramで拡散されたことが、ブームの大きな要因でした。「プロローグ」で出したローストビーフ丼や、握らないおにぎり「おにぎらず」がInstagramで広まったのは、おいしそうということに加えて、形状のおもしろさが写真映えしたからだと考えられます。

＊Facebook

Facebookは、原則として本名で登録するSNSゆえか、SNSの中でもオフィシャルで使う人が多いようです。文章のみ、写真・動画のみ、あるいは文章+写真を一つの記事にしてアップすることができますが、文章がメーンの投稿が多い傾向にあります。前述のように、若い世代になるほどユーザー数は減る傾向にありますが、ビジネスパーソンの利用者は相変わらず多く、文章を効果的に使ってPRしたい場合、自社のFacebookアカウントをつくって利用するのはやってみて損はないはずです。

消費者が何らかの商品・サービスについてFacebookで投稿する場合、ネットニュースやまとめサイトなどを見て、自身が「おもしろい」「やってみたい」などと感じたものをほかの人たちに伝えたくてシェアするケースがほとんどです（「サービスがひどかった」「おいしくなかった」といった逆の感情の場合もあります）。シェアされる機会が多かったり、コメントが活発にやり取りされていると、拡散される可能性は高まります。

＊Twitter

Twitterは、今あったこと、感じたことなどを基本140字以内でつぶやけるSNSです。おもしろいと思ったツイート（つぶやき）などに自分も賛同したり、誰かに共有したいと思ったときは、リツイートボタンを一度押せば手軽にシェアできるのが特徴で、第1章でお伝えしたジャポニカ学習帳のPRでは、芸人の星田英利さんのツイート（32ページ参照）が多くのユーザーにリツイート（シェア）され、広まりました。Twitterで盛り上がると、Twitterのつぶやきをまとめる「Togetter」などのまとめサイトで取り上げられる確率も高くなります。

また、意外と知られていない事実ですが、女子高生、女子大生が最も気軽に楽しんでいるツールがこのTwitterです。

＊ブログ

そのほか、ブログについても触れておきたいと思います。

ブログはＳＮＳとは言わないという考え方もありますが、私はＳＮＳの一種だと考えています。

実際、はてなが運営している「はてなブログ」などは、はてな運営のポータルサイト上でシェアされ、拡散されます。また、ブログの投稿をそのままFacebookやTwitterにアップできたりと、その境目はどんどんなくなりつつあるのです。

加えて、記事が検索しやすい、運営者の個性が出やすいのでファン同士の熱狂的なコミュニティーが生まれやすい、などのメリットもあります。

人気ブロガーともなると、その影響力はメディア並みにもなります。実際に強力なブログで紹介されたことがきっかけで生まれたヒット商品やベストセラーは少なくありません。

これらＳＮＳという**クチコミを活用する最大のメリットは、「継続的に」商品・サービスを紹介し続けてもらえる**可能性があることです。

テレビ放映は、打ち上げ花火的な感じで爆発的に広まったら即収束してしまいますが、

SNS上の口コミは、PRを仕掛けてから1～2年経っていても、検索できる状態にあるので、細く長く宣伝し続けてもらえることが多いのです。

これは、旧メディアをメインとしたPRにはなかった大きなメリットの一つです。

最低限にして最大限の効果！厳選メディア100

ネットニュースサイト、新聞、テレビにプレスリリースを送るときは、**どこで紹介されても拡散する可能性はあるので、まずは新旧すべての種類の媒体に送る**ことから始めてください。

どのメディアに送る場合も、ニュースリリースの内容は同じでOKです。

ジャポニカ学習帳の例を見ればわかるように、どのメディアも大きく食いついたのは「あの有名なノートの表紙から昆虫がいなくなった」という1点でした。

つまり、商品やサービスのウリになるところ、メディアに響くところは、メディアの種類は違えどほぼ同じなのです。

先ほども少し触れましたが、私の長年の経験から、ヒットやブーム、あるいは世の中を動かす仕掛けは、新旧メディアのうち１００のメディアに厳選してプレスリリースを送れば、十分な効果があり、情報の連鎖が起きやすいことがわかってきました。

そこで本書では、私の会社で普段使っている厳選１００メディアのリストを巻末付録としてつけました。この厳選メディアに働きかけて動かすことができれば、人も、世の中も動きます。

ニュースリリースの送付先・連絡先を一覧にして、さらに効果のある１００メディアに絞り込むのは今日明日でできることではありません。それゆえ活用価値は高いはずです。

これは、最低限にして最大限効果が期待できる１００メディアです。

１００メディアに送付しても、一つも反応がないこともあるかもしれません。

その場合は、**単にあなたが発信した情報とメディアが求める情報がズレているだけ**です。

本章冒頭の金剛院の例を参考に、もう一度「8×3の法則」に照らし合わせてキーワードを洗い出し、新たな強みを見つけてプレスリリースにまとめてください。

ＰＲの強みは、何度でもやり直しがきくところ。

ここを最大限に生かしていきましょう。

〈実践編〉「8×3の法則」を現場に生かす！

一連の流れをおさらいしよう

本書の最後に、これまで説明してきた「8×3の法則」を使って、実際に商品やサービスの強味になるキーワードを洗い出せるか、それをどのようにPRに生かせばよいのか、例を使って考えながらおさらいしていきましょう。

手順は次のようになります。

1　8×3の「8」で自社の商品やサービスの強みを洗い出す

↓

2　8×3の「3」で、1で出した強みが「消費者視点」に立っているか確認する

↓

3　キャッチコピーやキーワードをPRに生かしていく

2の段階を終えた時点で、既にPRの方向性が見えてきたように感じるはずですが、この段階では、まだパズルの各ピースができ上がった状態です。これをプレスリリースをはじめとした文章に落とし込んでいくには、よりメディアや消費者の目を引く表現を探し出したり、時流を見極めて最適な言い回しを検討したりする必要があります。この作業をおこなって初めてパズルは完成します。

そこで本章では、実際にみなさんがある案件をPRすることになったとき、どうやって右記の手順を踏んでいけばいいのか、一緒に考えていきます。

本章でシミュレートしたことをもとに、ぜひ、実際の現場でも応用してください。

まずは課題をよく知ろう

ではさっそく、今回みなさんがPRすることになった課題を説明します。

課題 ドローンスクール開校のお知らせを効果的にPRしたい。

「空の産業革命」と言われるドローンは、無人や遠隔操作、自動制御によって飛行できる飛行機です。長らく個人の趣味、軍事用の無人航空機という位置づけでしたが、この数年で一気に私たちの生活に入り込み、橋や工事現場など人がおこなう危険な場所の調査や点検、あるいは配達などさまざまなシーンでの活用が期待されています。

そのドローン操縦士のスクール「ドローンスクールジャパン東京校」が開校することになりました。

みなさんなら、どのようにPRすれば、受け手に最も〝刺さる〟と思いますか?

まず、簡単にドローンスクールジャパン東京校の概要を記します。

ドローンスクールジャパン東京校について

■開校　2016年10月25日

■目的　本格的な産業用ドローン操縦士を養成するための学校です。

■特徴

・一般社団法人ドローン操縦士協会（DPA）の認定校の一つであるスカイロボットが、DPAが所有するドローン専用飛行場を利用して開校する

・修了者は、DPAの認定資格が取得できる

・ドローン専用飛行場は世界最大級の屋内訓練施設なので、天候に左右されずに練習できる

・JR京葉線潮見駅から徒歩1分なのでアクセスがよい

・2017年9月までに全国に10校開校予定

・現在、ドローンの操縦士は不足、練習場も不足している

■今後ドローンに期待されている主なこと

1　人命救助。行方不明者の捜索や被災地への救援支援

2　橋梁、トンネルなど社会インフラ老朽化において、ドローンと各種のセンサ技術で点検

3　野生動物や植生の生態調査

4　太陽光パネルの点検　ほか

私は、この一般社団法人ドローン操縦士協会（DPA）のPRをある期間、担当していました。協会理事で経営学者の小林一郎先生の、ドローン産業で日本全体を元気にしたいという強いビジョンに心を打たれたからです。

学校に通えば最新鋭のドローンを操縦できて認定資格も得られます。これからのビッグビジネスに成長するので、有益な資格になると確信しています。

ただし、いかんせん依頼を受けた当初は、ドローンスクールの資格がどのようなものか、まだ一般的に知られていませんでした。

さて、みなさんなら、どんなキーワードが「強み」になると思いますか？

ひとまず「8×3」は置いておいて、考えてみてください。

キーワード①

キーワード②

キーワード③

キーワード④

キーワード⑤

キーワードには、たとえばこんなことが出てくるのではないでしょうか。

・ドローンスクール東京は10月25日に開校
・修了者はDPAの認定資格が取得できる
・JR京葉線潮見駅から徒歩1分

単純にこの要素を、キャッチコピーにしてみると次のようなものになります。

ついに、ドローンスクールが10月25日に東京・潮見に開校!
潮見駅から徒歩1分とアクセスも良し

これでは、よくあるお知らせにすぎません。町内の回覧板程度の役割りしか果たさないでしょう。

誰かの心に〝刺さる〟こともなさそうですし、ましてやメディアが取り上げたいと思う要素もありません(あなたがメディアの一担当者なら、取り上げますか?)。けれど、実際のプレスリリースなどを見ていると、こうなってしまっているケースが本当に多いのです。

そういう残念なケースにありがちなパターンがこのコピーにはあります。

それは、「ドローンスクールがいつ、どこそこに開校」というストレートな情報を一番目立つ場所に持ってくるということ。これは、果たして消費者やメディアが求めている情報でしょうか。

というのも、ドローンスクールは英会話スクールとは異なります。英会話スクールは、もう何十年も前から存在していて、通った経験がある人も多ければ、必要性に迫られている人も年々増えているはずで、ニーズも絶えることはありません。競合も多い分、新しい英会話スクールが近々オープンするとなれば消費者も気になるでしょう。

しかし、産業用のドローンスクールは日本初。つまり誰もなじみがないし、そもそも何を教えてくれるのかもよくわかりません。

「最近ドローンってよく聞くけど、学校までできるんだ！」と感心する人はたくさんいると思います。

しかし、その人たちが「スクールに通いたい！」と思うかというと、それは別の話。ここがまさに肝です。つまり、現段階でまったく必要性を感じていない人たちに、いかにメリットがあるか、自分のためになるのかをアピールしなければならないのです。

「8×3の法則」の「8」を洗い出す

では、どうすれば、受け手に〝刺さる〟情報になるのか。

そこで、8×3の「8」について考えていきましょう。

みなさん、ドローンスクールの開校について、次の1~8のうち、どの性質が強みになりそうでしょうか。1から順番に考えてみてください。そして、その理由も書いてみてください。もちろん、複数当てはまってもOKです。

140~141ページでも触れていますが、1~8それぞれを考えるときのヒントも記しておきます。

1 新規性

そのサービスや商品にはナンバーワン、オンリーワンだと言える何かがありますか？

それは、世界中や日本中、業界内で初めての試みですか？

2 優位性

競合や既存の商品やサービスと比べて、明らかに違っていたり、優れている（優位性がある）ことはなんですか？

3 意外性

知人や顧客に話したら、「へぇ」と感心された、「ホントに⁉」と驚かれた、「まさか！　信じられない！　冗談でしょ？」と笑われたことはありませんか？

4 人間性

開発や販売などに深く関わる人や経営者のエピソード及びストーリーはありますか？

5 社会性

世の中の流行やトレンドに重ね合わせることで、人々の興味や関心を喚起できることはありますか？

「社会ごと」に変えられるキーワードがありますか？

6　貢献的意義

その商品やサービスについて、社会や世の中の問題解決に役立つことはありませんか？

7　季節性

季節との関連性がある、または制定されている記念日や日にちの語呂などに掛けられるテーマはありますか？

8　地域性

その地域限定やエリアならではの特徴はありませんか？

ドローンスクール東京は、1～8のどれに当てはまる？

1　新規性　……………………

2　優位性　……………………

……………………

……………………

3　意外性

4　人間性

5　社会性

6　貢献的意義

7　季節性

8　地域性

ドローンスクールを「8」に当てはめると？

みなさんは、1~8の性質うち何をピックアップしましたか。

結論から言うと、ドローンスクールを「8×3」の「8」に当てはめていくと、「1 新規性」「3 意外性」「5 社会性」「6 貢献的意義」などが該当します。それぞれについて説明していきましょう。

新規性

これは、わかった人が多かったのではないでしょうか。

2016年11月には、ニュージーランドでドローンを使ったドミノピザの配達が始まりました。Amazonでもそれより前から試験的にドローンで本などの配達をおこなっています。

まさにこれから、ドローンビジネスが本格化しようとする中で、「新規性」は当然ながら考慮したいキーワードです。

「新規性」で最もわかりやすいのが、「世界一」とか「日本一」というキーワード。同校の場合、日本発の産業用ドローンスクールというだけでも「新規性」に該当しますが、練習できる専用飛行場が「世界最大級」だと明記されています。

意外性

「産業用ドローンの学校ができたんだよ」と人に言うだけでも、「え？　そうなの？」「学校なんてあるんだ！」などと驚く人は多いと思いますが、「実は、ドローンは練習場が不足しているんだよ」と言われたらどうでしょう？　「え、そんなにドローンの練習をしたい人が多いの？　そんなに盛り上がってるの？」とびっくりすると思います。

社会性

社会性を考える時は、今、話題になっているニュースと自社の商品やサービスを絡めることができないか考えるとヒントになります。

その視点から見ていくと、２０２０年には東京オリンピック開催が予定されていて、既に準備も始まっています。16年時点でも、このことはたびたび話題になりますが、今後ますます関連ニュースは多くなっていきます。

このように、今、旬のもの、これから話題になりそうなものと、自社の商品やサービスをどうにかして絡められないか考えていきます。たとえば、国内外から東京に人が押し寄せるわけですし、多くの選手が世界中からやってくるので、防犯面でドローンが活躍できるかもしれません。そういう想像をしながら関連性を持たせていくのです。

貢献的意義

貢献的意義は、社会や世の中の問題解決に役立つことはあるか考えていくこと。これからドローンの活躍が期待されているのは、趣味の範囲を超えて人命救助や、老朽化したインフラの点検など人間が立ち入りづらい場所に入っていける仕事。まさに、ドローンが活躍するのは、社会への貢献的意義に直結すると言えます。

「8」のうち四つをクローズアップしましたが、この四つの要素が絶対というわけではありません。数カ月もすれば状況が変わるのはよくあることですし、考える人によっては別の視点を見出せるかもしれません。

ドローンスクールの場合、今述べた四つの要素でプッシュできるのは間違いありませんが、たとえば人にクローズアップし、スクールを立ち上げたヒストリーを語ってもらうなど「4 人間性」をアピールする方がうまくいく場合もあります。

また、思うように手ごたえがないと感じたら、あらためて「8」を検討し直す必要が出てきます。

「8」の要素を「3」の視点で確認する

「8×3」の「8」がピックアップできたら、今度はそれぞれが消費者視点になっているか考えていく「3」の作業に入ります。

「3」とは、社会、人（ターゲット）、メディアそれぞれの観点から考えて、それが消費者視点になっているか確認していくことでした。

社会とは、世の中を動かせないか考えること。

人（ターゲット）とは、商品やサービスを売りたい顧客層（潜在顧客も含む）に訴えらえるか確認すること。あるいは、その商品やサービスがあることで、人の生活がどのように変わるのか、豊かになるのかなどを提案できる要素がないか考えていきます。

メディアとは、メディアに向けてアピール要素があるか考えること。

たとえば、その商品やサービスを使う人が母親ならば、母親の立場に立ったとき、何を期待するか、どうアピールされたら自分たち母親のことをわかってくれているなと感じるかなどを考えていきます。

では、この三つの視点を、ドローンスクールに当てはめて考えてみてください。

★社会

ドローンスクールをアピールするとき、世の中を動かせる要素はあると思いますか？

★人（ターゲット）

ドローンスクールをアピールするとき、潜在顧客層を含むターゲットが惹かれるのはどこだと思いますか？

★メディア

ドローンスクールをアピールするとき、メディアが取り上げたいのはどこだと思いますか？

では、一つひとつ見ていきましょう。

先に断っておきますが、これから私が提示する三つの解答と違っていたからといって、あなたの考えが「間違っている」わけではありません。要は、これら三つから、「ドローンスクールは、消費者視点に落とし込めているか？」を考えていけばいいのです。

社会

ドローンスクールが世の中を動かせるとしたら、どんなところでしょうか？

私なら、ドローンが防犯対策などで活躍できることをプッシュします。東京オリンピックは歴史的にも一大イベントですから、そこで防犯対策ができるという切り口でアピールすれば多くの人の関心を集められるのではないかと思います。「8」に照らし合わせると、「5 社会性」「6 貢献的意義」などが該当します。

人（ターゲット）

「ドローンスクールに通って操縦士になったら、人々の生活を防犯の面から守れる」。たとえばこんなふうに、潜在顧客を含むターゲットに対してアピールできる要素がないか探っていきます。ドローンスクールの場合、まだ知られていない存在なので、「あなたも、操縦士になれますよ」とアピールするよりも、「操縦士になったら、こんなふうに社会に役立つ仕事ができますよ」「将来的にこんな仕事に就ける可能性があります」と訴えるほうが効果が高いと考えられます。

メディア

ドローンスクールは、現段階で「希少価値が高い」という意味で、メディア受けがいい旬のネタです。「8」に照らし合わせてみても、「1 新規性」「3 意外性」「5 社会性」「6 貢献的意義」のいずれの要素からもアピールできると思います。たとえば「世界最大級」という「新規性」をピックアップし、「世界最大級の専用飛行場がオープン！」にしてみる。これだけでもメディア受けしそうですし、情報の受け手も興味を持ってくれそうです。

このように八つのうちピックアップした各要素を、社会、人（ターゲット）、メディアの三つの視点から逆算するように見た場合にも、特に違和感がなければＯＫです。消費者の視点で考えても、八つの要素はアピールできるということになります。

消費者視点で言語化していこう

ここまで、「8×3の法則」を使って、ドローンスクールの強みになりそうなキーワードを探り、情報をつくる準備をしてきました。

ここまで本書を読んできたあなたなら、ほかの多くの人がやりがちな「ドローンスクールが開校!!」という情報をメーンコピーに使おうと思う人はいないでしょう。

では、何をメーンに据えるべきか。

ひとまず、これまで出したキーワー

［図版❿］　ドローンスクールの「8×3」

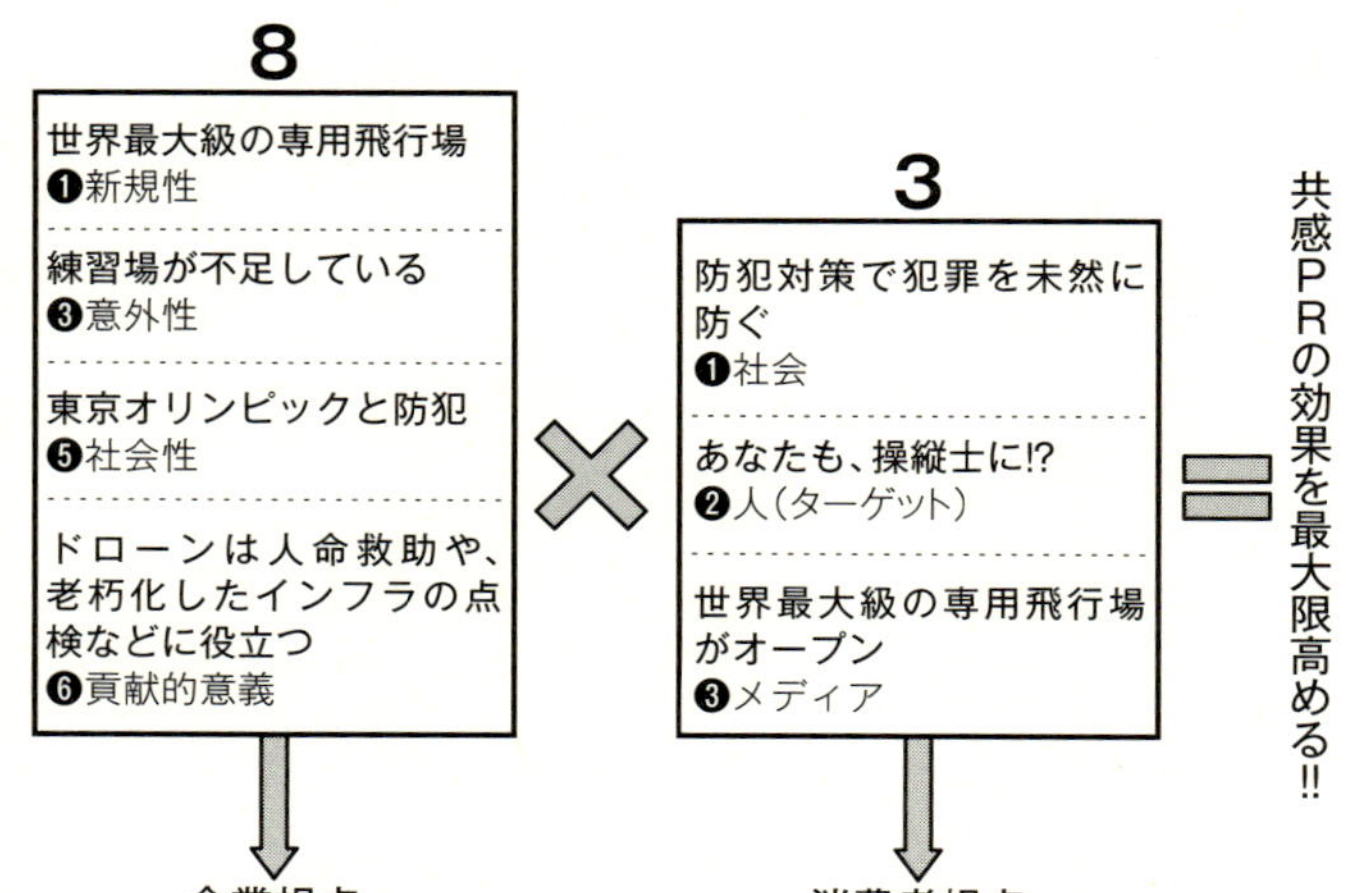

ドを列挙していきましょう。図版10を見てください。

ここから組み合わせるなどして、ＰＲに適した言い回しや言葉遣いを考えていきます。

こうして考えた実際のプレスリリースが２２７ページの図版11です（ドローン操縦士協会提供）。

このように、実際のリリースでは「世界最大級の専用飛行場」という「新規性」、さらには「練習場が不足している」という「意外性」をメーンにしました。この見出しでは開校日も入れていますが、コピーの主の部分として使っているわけではありません。

この最も目立つ冒頭の3行程度のスペースに、どんなキャッチコピーを入れるか。これがメディア各社の目に留まるか、はじかれるかの分かれ目になります。

このリリースを、巻末にもあるメディアリストに一斉に送ったところ、ネットニュースはもちろん、即座に日本経済新聞をはじめ新聞社4社、「ワールドサテライト」をはじめテレビも3番組に立て続けに取り上げられました。「ワールドビジネスサテライト」では、「あなたも〝ドローン操縦士に⁉〟」というタイトルで特集が組まれました。

でも、これが唯一の打ち出し方ではありません。私は、次のようなコピーをリリースの見出しにしても、いい反応が得られたのではないかと思い、提案の一つに入れていました。

世界最大級！
欧米も注目する1万2000坪のドローン専用飛行場が東京・潮見に10月25日オープン！
～東京オリンピックに向けて防犯・テロ対策に各種ドローンが大活躍～

特に、サブキャッチ。「東京オリンピックに向けて防犯・テロ対策に各種ドローンが大活躍」と、「8×3」の中で社会的要素の強い言葉を散りばめたので、グッとその意味合いが強まっているのではないかと思います。「防犯」という言葉を出すことで、「私にも関係があることだ」と〝自分ごと〟として興味を抱かせることができます。

最終的にキャッチコピーを決めるのはクライアントですから、今回はこのコピーの出番はありませんでした。でも、お蔵入りしたわけではありません。東京オリンピックが何かの形で大きく取り上げられるタイミングで再度、このキャッチコピーに差し替えたリリースを送って反応を確かめてもいいのです。

［図版 11］ ドローンスクール開校を告知する実際のプレスリリース

PRESS RELEASE

ドローン操縦士資格認定機関
DPA 一般社団法人 ドローン操縦士協会

2016年10月吉日
一般社団法人ドローン操縦士協会（DPA）

報道関係各位

世界最大級！欧米も注目する12,000坪のドローン専用飛行場が江東区 潮見に10月25日OPEN

～東京都内におけるドローン飛行練習不足と、パイロット不足を解消～

ドローン操縦技術において認定ライセンス制度を構築している一般社団法人ドローン操縦士協会・DPA（所在地：東京都渋谷区　理事長：小林一郎）が江東区潮見に約12,000坪の敷地にドローン専用飛行場を10月25日（火）にオープンいたします。ドローンパイロット育成のため、最もドローンに適した環境を提供することで、最新鋭のドローン操縦技術と知識を身に付けることが可能です。４年後の東京オリンピック・パラリンピックで競技空撮以外にも、防犯・テロ対策として期待されているドローン。選手・国民・国を守るため、確かな技術を持ったドローンパイロットの育成を目指します。
※また、ドローン専用飛行場オープンにあたり、10月25日（火）14:00~各種産業用ドローンを用いたお披露目発表会を実施いたします。

ドローンスクールジャパン東京校（イメージ）

デモンストレーションの内容は未定ですが、現在のところ「農薬散布用ドローン」、「赤外線搭載ドローン」、他１機を使う予定です。

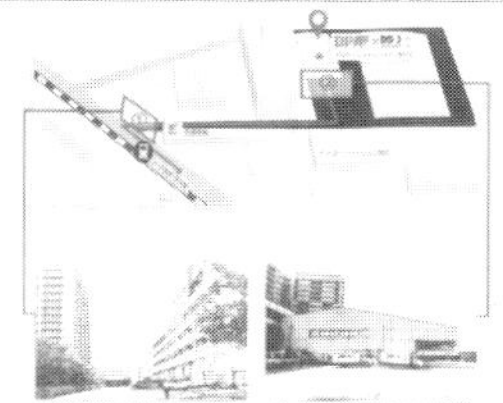
所在地：東京都江東区潮見2丁目8-13
(西濃運輸東京支店倉庫内)

東京オリンピックの経済規模30兆円を守るのは日本最新鋭のドローンたちだ！

どんな暗がりでも逃さない 赤外線搭載ドローン

小型ドローンに搭載された赤外線サーモグラフィカメラで空中から対象物をスキャンします。フルハイビジョン(HD)画質で撮影できるカメラや、頭に装着してカメラ映像を確認できるスカイスカウター(高解像度の単眼モニター)や、迷子になってしまったドローンを簡単に探せるスカイビーコン(位置情報発信システム)などもセットになります。

上空から的をズレなく命中！ マーキングドローン

カラーボールは、目標物に衝突した衝撃で、外殻が破壊して、内部に封入されている塗料が、飛散して目標物に付着することにより、ターゲットとなる対象物に、マーキングを行います。このため、現場に向かう作業員に大まかな位置を指示するだけで、迅速に目標物を発見することが可能です。

また、ターゲットを継続的に、目視可能な状態に、維持することが出来ます。

※他にもこんなドローンが・・・
最先端の農業用ドローン

広大な土地である圃場も上空からリモートセンシングすることで短時間で正確な情報を読み取ることが可能です。さらに、生育状況から病虫害の兆候まで、ドローンによる定期的なモニタリングを行うことで知ることが出来ます。農業分野の高齢化が深刻化されている中で空撮から物流まで行うことのできるドローンは期待されています。

情報収集もドローンにお任せ 3Dマッピングドローン

ドローンに装着されたカメラによって撮影された画像を、専用の3D化ソフトを用いて3次元化しつつ解析して写真測量を行います。3D化することで勾配のある土地や建物も関係なく、全体像が把握しやすくなります。解析作業は高度な技術を要し、専用ソフトも高額でしたが、産業用ドローンの技術革新によりインフラ整備や土木建築、測量などの分野で本格的に活用されています。

※画像はイメージです。

このように、「8×3の法則」の使い方をマスターしておけば、最初にリリースを送って反応が薄くても、すぐにほかのコピー案を考えられたり、もう一度、「8×3の法則」に立ち返って情報をつくり直すこともできるのです。また、企画、商品開発、新規事業の創出などでも役に立つと思います。

自社の商品・サービスを世の中に広めたい。

そう思ったときに、考えるための道具やヒントがない状態でとりあえずPRするのと、「8×3の法則」に沿ってPRの準備をするのとでは、メディアやSNSで取り上げられる確率は格段に違ってきます。

みなさんは、「8×3の法則」という〝はずさない〟、そして〝何度でもやり直しがきく〟法則を本書を通じて習得しました。

早速、明日からこの法則をフルに活用して、ブームを巻き起こしてください！

そして、メディアから、「ぜひ取り上げたい」と思わせるPRにチャレンジし続けてください。

おわりに

いま、世の中を動かしているのは、共感し合う人同士のつながりです。

SNS（ソーシャル・ネットワーキング・サービス）をはじめとするソーシャルメディアによって、瞬時に伝わり、話題になる。眠っている間も、仕事をしている間も、日本や世界のどこかで、どんどんつながり、広がり続けていきます。

人間関係は希薄になるどころか、新しい場所で、これまでと違う強さでつながり始めているのです。

たとえば、今、体験したばかりのあなたの感動が、1時間後には大勢の友人に広がる。

今日あった、うれしかったことに、会ったこともない人が共感してコメントしてくれる。

とても悲しかったことに、全世界の人が一緒に悲しんで励ましてくれる。

ソーシャルメディアの登場は、人のつながり方、さらには世の中の動きを一変させました。

それに合わせて、ＰＲやマーケティングにおけるメディアのあり方が変わってきたことは、既にみなさんも実感されていると思います。

ＷＥＢやＳＮＳなどの新メディアが予想もつかないほどの強い力とスピードを持ち始め、テレビや新聞などのマスメディア（旧メディア）が、その動きを追いかける。

これが、今の現実です。

かと言って、旧メディアが力を失ったわけではありません。

つまり、これからのＰＲに求められるのは、この新旧両方のメディアをうまく組み合わせながら、情報をタイミングよく伝達させて広げていくことなのです。

そのためには、「共感の力」がなくてはならないものなのです。

「一人ひとりがメディア」という言葉を、最近よく聞きませんか。

これは、すべての人が主役だということだと私は解釈しています。誰しもが主役となって、「こんなすごい情報を聞いたよ」「こんなにおいしいものを食べたよ」「これ、すごくない？」と自分の五感で受け取った情報の発信者になることを楽しむ時代なのです。

だからこそ、人の感情が中心となる時代に合った新しいＰＲの形が必要です。

本書では、この共感の力を最大限引き出すための最強の新ツール、「8×3の法則」を、たくさんの成功事例とともに解説してきました。

この本が、読者のみなさんの可能性を広げ、現状を大きく変えるきっかけになることを願っています。

最後に、メディアリストの選定や制作に一緒に取り組んでくれた弊社スタッフの阿久澤克之さん、新貝壮駿くん、本当にありがとう。

また、本づくりを一緒に考え、最後までともに悩んでくれた、アップルシード・エージェンシーの鬼塚忠さん、山田恵子さん、そして、三浦たまみさん、朝日新聞出版の森鈴香さんに、この場を借りてお礼を申し上げます。

フロンティアコンサルティング

代表取締役　上岡正明

厳選 バズるメディアリスト100

（当リストに記載した情報はすべて2016年12月時点のものです。
変更されている可能性がありますので、ご確認の上、ご利用ください）

メールアドレス	特長	HPアドレス
release@ml.itmedia.co.jp	企業のIT活用に関する情報から、IT・デジタル関連製品のニュースやレビュー、社会とITにまつわるトピックまで幅広く網羅するIT総合情報メディア	http://www.itmedia.co.jp/
tt_release@ml.itmedia.co.jp	IT製品・サービスの導入・購買を支援する会員制メディア。企業内の情報システムに関与するキーパーソンを対象に、IT製品／サービスの導入・購買を支援する情報を提供	http://techtarget.itmedia.co.jp/
withnews-pr@asahi.com	世の中の「気になる話題」を深掘り調査。読者からよせられたネタを深掘り取材	http://withnews.jp/
	朝日新聞のニュースサイト。速報ニュースに加え、注目の話題も掲載	http://www.asahi.com/
	九州、福岡の社会、政治、経済などのニュース就活情報の情報も掲載	http://qbiz.jp/
matomenews@excite.jp	ニュースや人気ブログ、翻訳や辞書、友達探し・婚活のサービス、格安プロバイダなどを紹介	http://www.excite.co.jp/
URLより該当の地域新聞へ情報を提供 http://minkei.net/list.html	Yahoo!転載の可能性が高い。地域ニュース、カルチャーニュースや各地の情報サイトからの話題を配信	http://minkei.net/
※HP上で受け付け	専門家と一般市民をつなぐことをめざして、複数の専門家による「言論の市場」を提供	http://agora-web.jp/
※HP上で受け付け	知の再発見をコンセプトに、文化の総合ポータルサイトを展開。キュレーション転載されることがある	http://lite-ra.com/
release@response.jp	自動車、鉄道などモーターサイクル、アウトドア、レジャーなどに関する総合情報サイト。YAHOO! ニュースなど各情報サイトに比較的転載されやすい	http://response.jp/
magazine@shoeisha.co.jp	FXや税金、経済知識までインターネット時代ならではのお金活用術を配信	http://moneyzine.jp/
	製造業関連の専門サイト。相場情報や市場情報なども掲載	http://www.japanmetal.com/
	農と食に関連した情報を配信。農協団体が発行する唯一の日刊誌	https://www.agrinews.co.jp/
release@internetcom.jp	楽しめるITやテクノロジーのニュースを配信。その他、食などの情報も配信	http://internetcom.jp/
※HP上で受け付け	映画情報をはじめ、女性が気になる最新のエンタメ情報を配信	http://www.cinemacafe.net/
release@rbbtoday.com	日本最大のブロードバンド情報サイト。エンタメや芸能、IT関連情報などを幅広く配信	http://www.rbbtoday.com/

厳選バズるメディアリスト100

ジャンル	媒体名(WEB)	会社名	電話番号	リリースFA
情報	ITmedia	アイティメディア		
情報	Tech Targetジャパン	アイティメディア		
情報	withnews	朝日新聞社		
情報	朝日新聞デジタル (朝日新聞のニュースサイト)	朝日新聞社	03-3545-0131(代)	
情報	q biz 西日本新聞経済電子版	西日本新聞社	092-711-5555(代)	
情報	Excite	エキサイト		
経済	みんなの経済新聞 ネットワーク	花形商品研究所	03-5468-8765	03-5468-876
情報	アゴラ	アゴラ研究所		
情報	LITERA	ロストニュース		
情報	レスポンス	イード		
経済	MONEYzine	翔泳社	03-5362-3800(代)	
経済	WEB産業新聞 (新聞系列ニュースサイト)	日刊産業新聞社	03-5566-8770(代)	03-5566-818
経済	日本農業新聞WEB (新聞系列ニュースサイト)	日本農業新聞	03-5295-7411 (経営企画)	
エンタメ	インターネットコム	インターネットコム	03-6417-9047	
エンタメ (女性)	cinemacafe.net	イード	03-5990-5330(代)	
エンタメ	RBB TODAY	イード	03-5990-5331	

	速報、特集、新商品、読者コメントなど網羅的に情報を配信	http://www.j-cast.com/
	スポーツニュース、芸能ニュースなどを配信。スポーツニッポン新聞社の公式サイト	http://www.sponichi.co.jp/
g-release@ml.itmedia.co.jp	ネット上の旬な情報を国内外からジャンルを問わず幅広く紹介する情報サイト	http://nlab.itmedia.co.jp/
watch-headline-info@impress.co.jp	クラウド、家電、車など様々な分野別に情報を配信	http://www.watch.impress.co.jp/
4yuuu@rocketventure.co.jp	家事や子育てをしながらもオシャレに気を抜かない主婦やママの為の情報を配信	https://4yuuu.com/
4meee@rocketventure.co.jp	女の子向けのファッション、グルメ、お出かけ情報を配信	https://4meee.com/
news-pr@mynavi.jp	ビジネス、エンタメ、生活、総合など、幅広いニュースを配信	http://news.mynavi.jp/
press@youpouch.com	美容、グルメ、仕事など女の子向けの情報を網羅的に配信	http://youpouch.com/
※HP上で受け付け	女性のための生活情報サイト。身近な食材で簡単に作れるプロの料理レシピなど生活情報を提供	http://www.lettuceclub.net/lettuce/special/20141126/01/
※HP上で受け付け	編集部が見つけた食や暮らしのトレンド情報を毎日配信	http://news.cookpad.com/
press@ama-dan.com	スイーツが好きな男子の為の情報サイト	http://www.ama-dan.com/
press@entabe.jp	美味しい食べ物、話題のレストラン、コンビニの新商品、実食レポートなどを配信するサイト	http://entabe.jp/
info@womaninsight.jp	エンタメ、旅行、ファッション、恋愛、グルメなど女子向けの情報を配信	http://www.womaninsight.jp/
r@mdpr.jp	日本最大級の女子向け、ライフスタイル情報サイト。モデル、恋愛、ヘア、ビューティーなどの最新情報を配信	https://mdpr.jp/
travel-r@mdpr.jp	女子の為の観光、グルメ、買い物、ホテル情報サイト。国内だけでなく、海外の情報も配信	https://travel.mdpr.jp/
info_angie@estyle-inc.jp	恋愛、美容、ダイエット、仕事、趣味など女性に向けの情報配信	http://angie-life.jp/
news2@laugh-tech.com	CurationとCrazyを融合した笑うメディアCuRAZY。おもしろ画像や動画、ニュースを配信	https://curazy.com/
press@rocketnews24.com	あまり新しくないけど、くだらなくて、おもしろいことをいち早くお届けするサイト	http://rocketnews24.com/
release@irorio.jp	何気ない日常の中で生まれているドラマチックな出来事を紹介	http://irorio.jp/
※HP上で受け付け	ネットカルチャー・デジタルガジェット情報・ライフスタイル提案や時事ニュース等を提供	http://getnews.jp/

エンタメ	J-CASTニュース	ジェイ・キャスト	03-3264-2591(代)	
エンタメ	スポニチアネックス	スポーツニッポン新聞社	03-3820-0700	
エンタメ	ねとらぼ	アイティメディア		
エンタメ	Impress Watch	インプレス		
エンタメ(女性)	4yuuu!	ロケットベンチャー		
エンタメ(女性)	4meee!	ロケットベンチャー		
エンタメ	マイナビニュース	マイナビ	03-6267-4000	03-6267-4029
エンタメ(女性)	Pouch	ソシオコーポレーション		
エンタメ(食)	レタスクラブニュース	KADOKAWA		
エンタメ(食)	クックパッドニュース	クックパッド		
エンタメ(食)	甘党男子	インタープラネット	03-5475-3884	
エンタメ(食)	えん食べ	インターネットコム		
エンタメ(女性)	ウーマンインサイト	小学館		
エンタメ(女性)	モデルプレス	ネットネイティブ		
エンタメ(女性)	女子旅プレス	ネットネイティブ		
エンタメ(女性)	ANGIE	エスタイル		
エンタメ(ライフ)	CuRAZY [クレイジー]	LAUGH TECH		
エンタメ(ライフ)	ロケットニュース24	ソシオコーポレーション		
エンタメ(ライフ)	IRORIO	マッシュメディア		
エンタメ(ライフ)	ガジェット通信	東京産業新聞社		

メールアドレス	特長	住所
	その週のニュースの中から、厳選した話題をカラー写真と共に掲載	〒104-8011 東京都中央区築地5-3-2
	新聞社系の老舗週刊誌。報道、解説を中心とした記事が多い	〒104-8011 東京都中央区築地5-3-2
	経営陣の人物像に迫り、企業を分析する経済誌	〒107-0052 東京都港区赤坂1-9-13三会堂ビル8階
	読者は40代かつ平均年収は1000万円以上も多い	〒150-8409 東京都渋谷区神宮前 6-12-17ダイヤモンドビル
	市販で一番の購買率を誇る経済誌。ビジネスパーソンが知りたい『今』に着目。一般社会人からマネジメント層が多い	〒102-8641 東京都千代田区平河町 2-16-1平河町森タワー13階
※郵送にて受け付け	読者は企業の意思決定層が多い。日本で最も歴史のある経済誌	〒103-8345 東京都中央区日本橋本石町1-2-1
※郵送にて受け付け	書店での取り扱いはしていない中小企業向けの経済誌。変化する経営環境を生き抜く経営者向け	〒108-8646 東京都港区白金1-17-3 NBFプラチナタワー
※郵送にて受け付け	アジアなどグローバルやトレンド経済の情報が多い。企業や人物の直接取材での記事掲載	〒108-8646 東京都港区白金1-17-3 NBFプラチナタワー
※郵送にて受け付け	ビジネスライフスタイル誌、30代の読者が多い。読者は企業の意思決定層が多い	〒108-8646 東京都港区白金1-17-3 NBFプラチナタワー
※郵送にて受け付け	個人の生活を刺激する流行情報誌。PCやスマホなどの最新デジタル家電から食材まで幅広いジャンルの情報を発信	〒108-8646 東京都港区白金1丁目17番3号 NBFプラチナタワー
	さまざまな情報やトレンドをわかりやすく紹介。ビジネスパーソンの最新オン・オフ情報を厳選するライフスタイルマガジン	〒101-8001 東京都千代田区一ツ橋 2-3-1
※HP上で受け付け	若者に人気のある都市情報誌。お出かけスポッとや都内のイベント多数掲載	〒102-8177 東京都千代田区富士見 1-12-15
	大都市近郊に住む30～40代ミセス向け情報誌。「節約なんかつまらない!　もっと生活を遊んじゃおう!」をテーマに生活を豊かに楽しむための情報を発信	〒112-8011 東京都文京区音羽1－16－6
	毎日を素敵に変えるを、女子的情報誌。グルメ、通販、マネーなど20代～30代の女性に人気	〒104-8003 東京都中央区銀座3-13-10
	20代女性に向けた情報配信。美容やファッションやスイーツなど幅広く配信	〒104-8003 東京都中央区銀座3-13-10

ジャンル	媒体名(雑誌)	会社名	電話番号	リリースFA
大衆	AERA	朝日新聞出版	03-5541-8757(代)	
大衆	週刊朝日	朝日新聞出版	03-5541-8757(代)	
ビジネス	経済界	経済界	03-6441-3741(代)	
ビジネス	週刊ダイヤモンド	ダイヤモンド社	03-5778-7200(代)	
ビジネス	プレジデント	プレジデント社	03-3237-3711(代)	
ビジネス	週刊東洋経済	東洋経済新報社		
ビジネス	日経トップリーダー	日経BP社		
ビジネス	日経ビジネス	日経BP社		
ビジネス	日経ビジネスアソシエ	日経BP社		
エンタメ(情報)	日経トレンディ	日経BP社		
エンタメ(情報)	DIME	小学館	03-3230-5930	
エンタメ(情報)	Tokyo Walker	角川書店		
エンタメ(情報)	Mart	光文社	03-5395-8150	
エンタメ(情報)	Hanako	マガジンハウス	03-3545-7070	
エンタメ(女性)	an an	マガジンハウス	03-3545-7050	

	文藝春秋が発行する女性誌。ファッションやビューティなど女性が気になる情報を配信	〒102-8008 東京都千代田区紀尾井町3-23
	メニュー特集から、繁盛店の経営方針や接客術を紹介する飲食店向けの経営専門誌	〒107-0052 東京都港区赤坂1-7-19キャピタル赤坂ビル8F
※HP上で受け付け	歴史や文化などの紹介するカルチャー情報誌。都市型ビジネスマンを読者にした、趣味や食の情報を配信	〒160-8461 東京都新宿区新宿6-27-30新宿イーストサイドスクエア7F
※HP上で受け付け	覆面調査で見つけた旅館などの注目スポット情報を配信	〒112-8001 東京都文京区音羽2-12-21

メールアドレス	特長	住所
	朝刊の発行部数約700万部の日本を代表する全国紙	〒104-8011 東京都中央区築地5-3-2
	日本最大の発行部数約850万部。日本を代表する全国紙	〒100-8055 東京都千代田区大手町1-7-1
	朝刊の発行部数約300万部の全国紙	〒100-8051 東京都千代田区一ツ橋1-1-1
	朝刊の発行部数約100万部の全国紙	〒100-8077 東京都千代田区大手町1-7-2
	朝刊の発行部数約50万部の東京ローカル紙	〒100-8505 東京都千代田区内幸町2-1-4
	朝刊の発行部数約280万部の日本を代表する経済紙	〒100-8066 東京都千代田区大手町1-3-7
	企業の経営者や第一線のビジネスマンに向け内外の情報を提供する専門紙	〒100-8066 東京都千代田区大手町1-3-7
	新しい時代の消費全般を把握し、そのトレンドをいち早く紹介する専門紙	〒100-8066 東京都千代田区大手町1-3-7
	産業界、ビジネス社会、金融・投資、海外情報を中心に、専門性の高い記事を掲載する	〒100-8125 東京都千代田区大手町1-7-2
	モノづくり、中小企業、技術を柱に、社会の変化に即応した広範囲なビジネスを紹介する産業専門紙	〒103-8548 東京都中央区日本橋小網町14-1

エンタメ（女性）	CREA	文藝春秋	03-3265-1211(代)	
エンタメ（食）	Cafe & Restaurant	旭屋出版	03-3560-9065	
エンタメ（食）	男の隠れ家	三栄書房	03-6897-4600(代)	
エンタメ（食）	おとなの週末	講談社		

ジャンル	媒体名(新聞)	会社名	電話番号	リリースFA
一般紙	朝日新聞	朝日新聞社	03-3545-0131(代)	
一般紙	読売新聞	読売新聞社	03-3242-1111(代)	
一般紙	毎日新聞	毎日新聞社	03-3212-0321(代)	
一般紙	産経新聞	産業経済新聞社	03-3231-7111(代)	
一般紙	東京新聞	中日新聞東京本社	03-6910-2211(代)	
一般紙 経済紙	日本経済新聞	日本経済新聞社	03-3270-0251(代)	
経済紙	日経産業新聞	日本経済新聞社	03-3270-0251(代)	
経済紙	日経MJ	日本経済新聞社	03-3270-0251(代)	
経済紙	フジサンケイビジネスアイ	日本工業新聞社	03-3231-7111(代)	
経済紙	日刊工業新聞	日刊工業新聞社	03-5644-7000(代)	

	日本最初のスポーツ新聞として東京で創刊。1面の見出しが青色で掲載されていたことから、「ブルー・ニッカン」の愛称を持つ。スポーツ新聞で初めて「社会面」を掲載。芸能、エンタメ情報など気になる話題や旬ネタも掲載	〒104-8055 東京都中央区築地 3-5-10
	キャッチフレーズは「スポーツニュース、芸能ニュースはお任せ!」。1980年代の終わりから総合大衆紙を標榜し、スポーツ以外にも社会事件や政治報道などにも力を入れている	〒135-8517 東京都江東区越中島 2-1-30
	プロ野球 、MLB、サッカー、スポーツ、競馬、芸能、社会情報をはじめ、ゴルフ、レジャーなどコアな情報も掲載	〒108-8485 東京都港区港南4-6-49
	産経新聞大阪本社が「サンケイスポーツ」第1号を創刊。プロ野球、メジャーリーグ、サッカーはもちろん、競馬、ラグビー、ゴルフ、芸能・社会、釣りなどあらゆるジャンルを 網羅	〒100-8140 東京都千代田区大手町 1-7-2
	東京新聞の姉妹紙としてスポーツ紙に本格転向し、1970年3月1日に「東京中日スポーツ」に改題し、現在に至る	〒100-8505 東京都千代田区内幸町 2-1-4
	東京スポーツ新聞社が発行する日本の夕刊スポーツ新聞。他紙と違ってプロレスを大きく扱い、ゴシップ記事にも強い。東京スポーツにおいてプロレス記事が多い理由は、夕刊紙であるがゆえに、野球などの記事での試合速報は他社と勝負にならないこと	〒135-8721 東京都江東区越中島 2-1-30STビル
	野球を始め各種スポーツ、政治、社会、事件・事故、芸能のニュースを取り上げている	〒100-8160 東京都千代田区大手町 1-7-2
	キャッチフレーズは「情報の総合デパート」として、気になるニュースの真相から 絶対に役立つ実用ネタまで、「知りたい!」にこたえる情報が満載	〒104-8007 東京都中央区新川1-3-17 新川三幸ビル10階

	特長	住所
	BBC(英国放送協会)が国営放送であるのに対して、NHK(日本放送協会)は公共放送で、受信料制度によって経営が成り立っている。テレビ4波(総合テレビジョン、Eテレ、BS1、BSプレミアム)がある	〒150-8001 東京都渋谷区神南2-2-1
	1953年8月27日に日本初の民間放送テレビ局として開局。コールサインは「JOAX-DTV」。 Nippon News Network(NNN)のキー局	〒105-7444 東京都港区東新橋1-6-1
	1959年2月1日に在京民放テレビ局として3番目に開局。コールサインは「JOEX-DTV」。All-Nippon News Network(ANN)のキー局	〒106-8001 東京都港区六本木6-9-1
	1955年4月1日に2番目の民間放送テレビ局として開局し、東京で唯一のテレビ・ラジオ兼営局だったが、2001年にテレビとラジオが分社。コールサインは「JORX-DTV」。Japan News Network(JNN)のキー局	〒107-8006 東京都港区赤坂5-3-6

スポーツ紙	日刊スポーツ	日刊スポーツ新聞社	03-5550-8888(代)	
スポーツ紙	スポーツニッポン	スポーツニッポン新聞社	03-3820-0700(代)	
スポーツ紙	スポーツ報知	報知新聞社	03-5479-1111(代)	
スポーツ紙	サンケイスポーツ	産業経済新聞社（サンケイスポーツ）	03-3231-7111(代)	
スポーツ紙	東京中日スポーツ	中日新聞東京本社	03-6910-2211(代)	
スポーツ紙	東京スポーツ	東京スポーツ新聞社	03-3820-0831(代)	
夕刊タブロイド紙	夕刊フジ	産業経済新聞社（夕刊フジ）	03-3231-7111(代)	
夕刊タブロイド紙	日刊ゲンダイ	日刊現代	03-5244-9600(代)	

	媒体名(テレビ局)	電話番号	
東京キー局	NHK(日本放送協会)	03-3465-1111(代)	
東京キー局	日本テレビ(日本テレビ放送網)	03-6215-1111(代)	
東京キー局	テレビ朝日	03-6406-5555(代)	
東京キー局	TBS(TBSテレビ)	03-3746-1111(代)	

	1959年3月1日に開局。コールサインが「JOCX-DTV」のため、略称「CX」とよばれています。Fuji Network System（FNS）のキー局	〒137-8088 東京都港区台場2-4-8
	1964年4月12日に「東京12チャンネル」として開局。81年に「テレビ東京」に改称。コールサインが「JOTX-DTV」。略称「TX」と呼ばれています。TXN Network（TXN）のキー局	〒106-8007 東京都港区六本木3-2-1

	特長	住所
	2010年3月29日から平日朝に放送している生活情報番組。健康、料理、美容、法律など暮らしに役立つあらゆる情報を紹介	〒150-8001 東京都渋谷区神南2-2-1
	2011年4月1日から日本テレビ系列で生放送されている。平日朝の情報番組。コンセプトは「日本の朝をもっと楽しくHAPPYに!」。HAPPYを届ける、情報エンターテインメント番組	〒105-7444 東京都港区東新橋1-6-1
	2006年4月3日から日本テレビ系列で生放送されている朝のワイドショー・情報番組。コンセプトは「日本の奥様をスッキリさせる」	〒105-7444 東京都港区東新橋1-6-1
	2011年3月28日から日本テレビ系列で生放送されている情報・バラエティ番組。グルメ、ファッション、エンタメ、ニュースなどの情報が中心に構成されている	〒105-7444 東京都港区東新橋1-6-1
	2013年9月30日からテレビ朝日系列で生放送されている朝の情報番組。コンセプトは「情報に、わかりやすさ、という彩りを」。天気、エンタメ、スポーツ、新聞紹介、カルチャー情報がメイン	〒106-8001 東京都港区六本木6-9-1
	2015年9月28日からテレビ朝日系列で生放送されているワイドショー・情報番組。キャッチフレーズは「いま知っておきたい話題や、気になるニュースを明るく爽やかにお届けします」	〒106-8001 東京都港区六本木6-9-1
	1996年4月1日からテレビ朝日系列で生放送されているワイドショー・情報番組。キャッチフレーズは「テレビは、やっぱり楽しいし面白い、時にはすごくためになる」	〒106-8001 東京都港区六本木6-9-1
	2014年3月31日から平日朝にTBS系列で生放送されている情報・報道番組。コンセプトは「家族がつながる情報番組」。報道色の強かった『朝ズバッ!』から一転して、エンタテイメントやスポーツ情報も幅広く扱っている	〒107-8006 東京都港区赤坂5-3-6
	2015年3月30日から平日朝にTBS系列で生放送されているワイドショー・情報バラエティ番組。前半は芸能ニュースや時事問題を主軸に、後半は日替わり企画で構成されている	〒107-8006 東京都港区赤坂5-3-6
	2009年3月30日からTBS系列で生放送されている平日の情報ワイド番組。キャッチフレーズは「今日一番の“最大関心事”をお送りします!」。アラフォー世代をメインターゲットとしている	〒107-8006 東京都港区赤坂5-3-6

東京キー局	フジテレビ(フジテレビジョン)	03-5500-8888(代)	
東京キー局	テレビ東京	03-6632-7777(代)	

媒体名(テレビ番組)	会社名	リリースFAX
あさイチ	NHK	03-5455-2794
ZIP!	日本テレビ	03-6215-3628
スッキリ!!	日本テレビ	03-6215-3639
ヒルナンデス!	日本テレビ	03-6215-2619
グッド!モーニング	テレビ朝日	03-3405-3729
羽鳥慎一モーニングショー	テレビ朝日	03-3405-3380
ワイド!スクランブル	テレビ朝日	03-3405-3388
あさチャン!	TBS	03-3582-2424
白熱ライブ　ビビット	TBS	03-5571-2060
ひるおび!	TBS	03-5571-2133

	1994年4月1日からフジテレビ系列で生放送されている朝の情報番組。メインターゲットである10代後半から30代前半の女性にとって興味や関心が高い話題を中心に構成	〒137-8088 東京都港区台場2-4-8
	1999年4月1日からフジテレビ系列で生放送されている朝のワイドショー・情報番組。「事件・事故に芸能も!全部まとめて 情報プレゼンショー」「ワイドショーを超えたワイドショー」をモットーに、芸能ネタから社会問題まで幅広く取り上げている	〒137-8088 東京都港区台場2-4-8
	2012年4月2日からフジテレビ系列で生放送されている生活情報番組。キャッチフレーズは「女性視聴者にとって尽きない話題をノンストップで次々お届け」	〒137-8088 東京都港区台場2-4-8
	2012年10月1日から生放送されているワイドショー番組(生活情報・通販番組)。キャッチフレーズは「"旬"な話題を楽しく元気にお届けします」	〒106-8007 東京都港区六本木3-2-1
	1998年10月1日からテレビ東京系列で平日早朝に生放送されている経済情報・報道番組。日本経済新聞社の協力による、経済・市況関連情報に的を絞った朝のニュース番組。スポーツ、芸能情報は取り扱わない	〒106-8007 東京都港区六本木3-2-1
	1988年4月4日からテレビ東京系列を始め、BSジャパン・日経CNBCで放送されている経済ニュース番組。略称は、英称の頭文字を採った「WBS」。同局では1日の最後を締め括るニュース番組。日本経済新聞社が全面的に制作・取材に協力	〒106-8007 東京都港区六本木3-2-1
	2005年4月4日から東京メトロポリタンテレビジョンで生放送されている情報・バラエティー番組。番組の大テーマは「言論の自由」。基本的にはワイドショースタイルで、前半は当日発行の夕刊からの注目記事を紹介	〒102-8002 東京都千代田区 麹町1-12
	日本テレビ系「NNN」系列局。2009年3月30日から平日に放送されている夕方ワイド番組。キャッチコピーは「関西で一番知りたいニュースを、どこよりも早く、わかりやすく、エネルギッシュに伝えます!」	〒540-8510 大阪府大阪市中央区城見2丁目2番33号
	日本テレビ系「NNN」系列局。2006年7月31日から平日の午後に生放送されているワイドショー・情報番組で、宮根誠司の冠番組。略称は『ミヤネ屋』	〒540-8510 大阪府大阪市中央区城見2丁目2番33号
	TBS系「JNN」系列局。1999年10月11日から平日午後に放送されている情報エンターテイメント番組。料理、旅行、中継や、その日のニュースや社会問題、デパート情報など、毎日の生活に欠かせない情報を視聴者に提供している	〒530-0013 大阪府大阪市北区茶屋町17番1号
	フジテレビ系「FNN」系列局。2008年6月30日から平日朝に放送されている関西ローカルの生活情報番組。ニュースや芸能情報は扱わず、旅やグルメなどの生活情報中心	〒530-8408 大阪府大阪市北区扇町2-1-7

めざましテレビ	フジテレビ	03-5531-8193
情報プレゼンター とくダネ!	フジテレビ	03-5500-8068
ノンストップ!	フジテレビ	03-5500-9113
L4 You!	テレビ東京	03-3459-1237
モーニングサテライト	テレビ東京	03-3587-4084
ワールドビジネスサテライト	テレビ東京	03-3587-4070
５時に夢中!	MXテレビ	03-5213-1886
かんさい情報ネット ten.	読売テレビ	06-6947-2647
情報ライブ　ミヤネ屋	読売テレビ	06-6947-3245
ちちんぷいぷい	毎日放送	06-6374-3591
ごきげんライフスタイル よ～いドン!	関西テレビ	06-6314-8534

［著者略歴］

上岡正明（かみおか・まさあき）

株式会社フロンティアコンサルティング代表取締役。一般社団法人日本脳科学マーケティング協会代表理事。1975年生まれ。27歳で戦略PR、ブランド構築、コンテンツマーケティングのコンサルティング会社を設立。現在まで16年間、実業家として会社を経営。これまで、三井物産やSONY、三菱鉛筆など200社以上の広報支援、スウェーデン大使館やドバイ政府観光局などの国際観光誘致イベントなどを行う。同時に、放送作家として「ズームイン!!SUPER」「スーパーＪチャンネル」「めざましテレビ」「タモリのスーパーボキャブラ天国」「クイズ$ミリオネア」など人気番組の企画・構成、脚本家として日本テレビ「週刊ストーリーランド」などを担当。『日経ビジネスアソシエ』（日経BP社）や『企業診断』（同友館）などに寄稿・執筆。バンタンＪカレッジ客員講師、元静岡放送審査委員。多摩大学大学院経営情報学研究科（MBA）在籍。日本マーケティング学会会員、日本神経心理学会会員、日本社会心理学会会員、日本行動心理学協会会員、一般社団法人日本行動分析学会会員。

◎著者エージェント

アップルシード・エージェンシー

http://www.appleseed.co.jp

共感PR
心をくすぐり世の中を動かす最強法則

2017年1月30日　第1刷発行

著　者　上岡正明
発行者　友澤和子
発行所　朝日新聞出版
〒104-8011
東京都中央区築地5-3-2
☎03-5541-8814（編集）
☎03-5540-7793（販売）
印刷所　大日本印刷株式会社

Published in Japan by Asahi Shimbun Publications Inc.
ISBN 978-4-02-331570-9
定価はカバーに表示してあります。